Conversemos sobre espiritualidad, rehabilitación y fe cristiana

Ramón Nieves

Ramón Nieves
Autor

Miguel A. Colón González
Editor

Frank J. Ortiz Bello
Editor en Jefe

ISBN: 978-1-881741-88-6

©2019 Ramón Nieves

Foto de la portada ID 118206469 © Lekstuntkite | Dreamstime.com

Todos los derechos reservados.

Prohibida la reproducción parcial o total de este libro en cualquier formato impreso o digital, sin la autorización por escrito del editor.

Versión Reina-Valera 1960 © Sociedades Bíblicas en América Latina, 1960. Renovado © Sociedades Bíblicas Unidas, 1988.

La Santa Biblia, Nueva Traducción Viviente, © Tyndale House Foundation, 2010. Todos los derechos reservados.

Dios habla hoy ®, © Sociedades Bíblicas Unidas, 1966, 1970, 1979, 1983, 1996.

Reina Valera Contemporánea (RVC) Copyright © 2009, 2011 by Sociedades Bíblicas Unidas

Reina-Valera 1995 (RVR1995) Copyright © 1995 by United Bible Societies

Santa Biblia, NUEVA VERSIÓN INTERNACIONAL® NVI® © 1999, 2015 por Biblica, Inc.® Usado con permiso de Biblica, Inc.® Reservados todos los derechos en todo el mundo.

Ediciones Eleos
Dorado, Puerto Rico

www.edicioneseleos.com

Ediciones Eleos es una división de FJ Multimedia LLC.

Al Señor Jesus, el mejor high power o poder superior.

A mi famillia, a mis consejeros, maestros y amigos.

Contenido

Introducción	11
Frente al espejo	13
Parábola del sembrador	15
Gigantes dentro de ti	16
La Biblia	18
¡Oh Señor, enséñame a orar!	19
Enséñanos a orar (II)	20
El hombre que oraba consigo mismo	21
El ayuno	22
Espiritualidad	23
La espiritualidad que cambia la vida	24
Me acordaré de mi Creador	25
Esfuérzate y sé valiente	26
Dios te recogerá	27
¡Hazlo por ti!	29
Honra a tu padre y a tu madre	30
Los caminantes tristes	31
Herencias	32
Raíz de impiedad o de justicia	33
Amar más las tinieblas	34
Pasando el túnel	35
Hoyos y pozos	36
Cuevas	37
En la confusión	38
En el día malo	39
Aún hay esperanza	40
La verdad acerca del uso de drogas	41
El vendedor de drogas	42
Algo peor	43
De todos modos moriré	44
Por un corto tiempo	45
La paciencia del labrador	46
Mejor es confiar en Dios	47
Solamente cree	48
Jesús, altísimo poder	49

Dios tiene pensamientos de paz para ti..50
El buen efecto de repetir la verdad de Dios..51
Imágenes..52
Valores..53
Solo Dios...54
Inteligencia espiritual..55
Dios es amor..56
Cómo trabaja Dios..57
Dios dice: Estoy contigo...58
Bajo sus alas..59
Dios es mi ayudador...60
Jesús, único Salvador..61
Dios llena toda la tierra..62
Pastor y guía..64
Trabajando los secretos..65
Sé sabio...66
Todo cuenta...67
Corriendo sin pesos innecesarios...68
Cisternas que no retienen agua..69
Cada día...70
Sin afán..71
Zarandeo..72
Atleta..73
Valor personal..74
Árbol prohibido..75
Falsa firmeza...76
Olvidar y proseguir..77
Depreciado..78
Conciencia cauterizada...79
No consientas..80
El cristiano águila..81
Golpeando la adicción..82
Siete veces..83
Cristiano de segunda clase..84
Sin calmantes..85
Candado de combinación...86
Puertas de salida..87
Cada uno...88

Echa tu ansiedad sobre Dios	89
Una nueva relación con Dios	90
¡Tranquilo!	91
Deseos de auto destruirte	92
Da y recibirás	93
Casa limpia, pero vacía	94
Hambre de Dios	95
Árbol siempre verde	96
Pocas oportunidades de empleo	97
Sé honesto	98
Prisioneros de esperanza	99
Un servidor de Dios	100
Llevando la propia carga	101
Tú eres un milagro	102
El ejemplo del águila	103
Tiempo de huracanes	104
Los dos caminos	105
Corriente funesta	106
¿Qué es el pasado?	107
Caín	108
Sansón	109
Sansón (II)	110
Judas Iscariote	111
El pecado de David	112
Lot, Noé y el alcohol	113
José	114
Triste partida	115
El regreso	116
Al volver en ti	117
Salvación en el chiquero	118
El aguijón de pablo el apóstol	119
Ocúpate en la lectura	120
Acerca del bautismo	121
Uno que ha muerto	122
En el desierto	123
Hambre, soledad y cansancio	124
Deseos engañosos	125
Una nueva familia; la familia de Dios	126

Áreas de identificación con el Señor Jesús	127
La raíz del asunto	128
Vida nueva	129
No rehuyas sufrir	130
Dijo toda la verdad	131
Legalismo	132
Firme	133
Examíname, oh Dios	134
Sé agradecido	135
Hijo de luz	136
Pozo o manantial	137
De ser como Jesús	138
Lo que significa decidir	139
El amor nunca deja de ser	140
Si hubieses estado aquí	141
Lo que verdaderamente vale	142
Contaminado con un poco	143
Espíritu noble me sustente	144
Vergüenza de sí mismo, no por Dios	145
Prisiones y cárceles	146
Fracasados pero valientes	147
Acerca de rendir cuentas	148
Al confesar	149
Homosexualidad y adicción	150
Porque no saben lo que hacen	151
Proceso de liberación	152
Espacios de refugio	153
Balaam	154
Lot y su mala decisión	155
Maltrato versus espiritualidad	156
¿Quién es tu señor y padre?	157
José, esposo de María	158
Fortalezas mentales	159
Los beneficios de una rutina	160
Acerca de maldecir a los padres	161
Burladores	162
Placer y satisfacción	163
Sobre todo, guarda tu corazón	164

Barbecho	165
Apresados con engaño	166
Salvo, con un problema de adicción	167
Síndrome del prisionero	168
Estaciones del año, espiritualidad y rehabilitación	169
¡Qué el pecado no te alcance!	170
Diferencias entre los dos reinos	171
Huellas	172
La tentación	173
Una buena batalla	174
Acerca del abuso sexual	175
Intimidad aprendida	183
La ropa ensangrentada de un hijo	184
Huir sin que nadie te persiga	185
El engaño de la dependencia	186
Visión y espiritualidad	187
Límites y paredes	188
Dios habla continuamente	189
Jonás, el que huye	190
Voluntades que significan respuestas que marcaron la vida	191
Que no se ponga el sol y sigas enojado	192
Natanael, un hombre sin engaños	193
Recuperó la visión poco a poco	194
La fe y la esperanza de Abraham	195
Cansancio que alienta un cambio	196
El fin del negocio es mejor	197
Tu heredad es hermosa	198
Jesús: La mejor inversión	199
Viejo hombre viciado	200
El amor cubre multitud de pecados	201
Un discípulo	202
Diferencias entre un pacto y un plan	203
Modelo de un pacto	204
Prometo	205
Mejor quítame la vida	207
Ayudando a otro a completar el camino	208
El águila que se crio como pollo	209
Habla bien, come bien	210

- Nacer de nuevo...........211
- Oración para el nuevo nacimiento...........216
- El gran amor del padre...........217
- Creyente y discípulo...........218
- La bendición de dormir en paz...........219
- Dios conoce las verdaderas historias...........220
- Otro nivel de existencia...........221
- El inmenso valor del silencio en el proceso de muerte de la semilla...........223
- Cuando nunca es suficiente...........225
- Restaurando la relación con el Padre...........226
- Una manera de deshonrar a un padre...........227
- El testimonio de Cristo...........228
- Moldeados como piedras...........229
- La presencia de Dios es como rocío...........230
- Hablen bien o hablen mal...........231
- Viviendo cerca...........232
- Prudencia y sabiduría...........233
- Adicto por causa de una actitud intolerante...........234
- No lo sabía, pero Él estaba...........237
- No hay que temer a la verdad...........238
- Corazón ancho y saludable...........239
- La misericordia vence sobre el juicio...........240
- Sabía, pero no me había dado cuenta...........241
- ¿Quién te enseñó...?...........242
- El Padre Dios es mejor...........243
- Acerca de la culpa...........244
- Ganándose al enemigo...........245
- Curiosidad peligrosa...........246
- La grandeza de la cruz...........247
- No hay que quitarse, sino persistir...........251
- Formas y maneras de crear un ídolo...........252
- Viviendo de emociones...........253
- Gozo...........254

Introducción

Conversemos...

Los profesionales de la conducta humana siguen viendo el tema de la espiritualidad con interés. Es un tema que sigue abierto y un libro de estudio en el cual nadie ha escrito el último capítulo. Siendo así, seguimos aprendiendo y encontrando en la inmensidad del espíritu humano herramientas de empoderamiento, de cómo verse a sí y al entorno de manera positiva.

Ciertamente no somos únicamente materia viviente con órganos vitales. Tenemos espíritu, el cual es el asiento de los sentimientos y de los pensamientos. Es la conciencia de sí mismo, de Dios, del prójimo, del mundo y el universo, y es además la sede de la religiosidad.

El término espiritualidad no tiene que ver necesariamente con religión sino con el acto de trascender. Trascender en busca de las virtudes y la fuerza interior que actúa como lo haría un motor que hace funcionar un auto. Siendo el espíritu el motor que impulsa hacia adelante a pesar de que el auto de nuestra vida siga presentando fallas y deficiencias.

La espiritualidad no se aprende ni se copia de los libros; renace en el interior como fruto de una profunda y honesta reflexión. No importa cuánto sepamos sobre el tema, si no encontramos personalmente la llave que abre ese caudal dormido, no lo hallaremos. Ella trabaja a favor cuando se alimenta con pensamientos positivos, y en contra cuando el odio, la amargura, la falta de perdón, el desánimo y la autocompasión dominan la vida.

La verdadera espiritualidad se fundamenta en el amor, que es la más grande de las virtudes y las relaciones saludables con nuestros semejantes. En este proceso tenemos la ayuda de Dios y del Señor Jesús cuya sangre y poder actúan poderosamente a favor nuestro. El salmista David expresó en la Biblia lo siguiente:

El día que clamé, me respondiste; me fortaleciste con vigor en mi alma.
(Salmos 138:3 RVR1960)

Las prácticas que sirven para cultivar la espiritualidad como la meditación, la oración, el ayuno y la lectura bíblica, ayudan a sensibilizar el espíritu. Estas prácticas activan lo espiritual y nos imaginamos a Dios. Unos lo imaginan como un Padre amoroso y bueno que les ama, les acompaña y escucha. Y otros tienen dudas que eso sea así, por lo que su Dios es ausente, distante y muy lejos de su realidad.

Dios siempre tiene nuevas propuestas y oportunidades, a pesar de la cantidad y la gravedad de los errores cometidos. Ciertamente, un encuentro consigo mismo y Dios desde una actitud honesta, supera los «desiertos» de equivocaciones cometidas, de derrotas y decepciones. Y es precisamente allí, donde la opción de ser feliz y de vivir es escasa, que Dios hace presencia y surge una nueva esperanza de vida.

Pero luego volveré a conquistarla. La llevaré al desierto y allí le hablaré tiernamente. Le devolveré sus viñedos y convertiré el valle de la Aflicción en una puerta de esperanza. (Oseas 2:14, 15a NTV)

Prepárate para iniciar una jornada de fe. Para utilizar este conversatorio con provecho, debes realizar los ejercicios que aparecen al final de algunos temas. En el proceso irás viendo un valor y una imagen que no habías visto o habías olvidado; la imagen de un hijo de Dios, valioso, amado, con grandes posibilidades.

Frente al espejo

¿Has visitado un parque donde los espejos de forma intencional y graciosa distorsionan la imagen de quienes se miran en él? Hay espejos que te hacen ver bien delgado, otros bien gordo y hasta deforme. Se sabe que un espejo bien construido siempre proyectará una imagen correcta.

El espejo que usarás para hacer el siguiente ejercicio, servirá para que veas más allá de tu físico. Estás frente a un espejo con el poder de mostrar tu ser interior.

¿A quién ves?, ¿qué ves?, ¿cómo se ve?, ¿qué te gustaría ver?, ¿cómo imaginas que te ve Dios?, ¿tu familia?, ¿tus amigos?, ¿tus hijos?...

- Como el espejo refleja tu cuerpo, lo que piensas de ti refleja tu ser interior.
- Lo que piensas sobre ti se llama identidad.
- No hay identidades malas, sino equivocadas.

¿Cómo se forma una identidad?

Una identidad se forma cuando se entra en relación con otra persona o cosa que representa algo importante para sí. Por ejemplo, el hijo en relación con su padre, el estudiante con el sistema escolar, el profesional con su profesión y el adicto con su adicción.

¿Quién soy?

Esta pregunta suele comenzar a contestarse de manera rudimentaria y sencilla desde que se es un niño. En un principio solo se trató de ideas sueltas que como semillas al aire se sembraron en el terreno de la conciencia. Algunas de ellas fueron bondadosas y cariñosas, pero otras muy negativas, ayudaron a formar una imagen.

La pregunta ¿quién soy? es contestada incorrecta e injustamente cuando lo sembrado es negativo. Y una adicción tiene mucho que ver con tener una identidad equivocada. Algunos ejemplos de mensajes negativos pudieron ser: Eres un fracasado, bruto, vago, inútil, feo, no sirves para nada, tus hermanos son mejores, eres igual que tus padres, no llegarás a ser nada ni nadie, no saldrás nunca de la adicción; y otros.

La Biblia, es el espejo más confiable porque muestra una imagen balanceada de defectos y virtudes, de debilidades y de cualidades; pero sobre todo, muestra si el corazón anda por caminos de alto riesgo, obstruido con piedras y espinos que impiden que la semilla del Evangelio dé fruto.

Para reflexionar:

El que solamente oye el mensaje, y no lo practica, es como el hombre que se mira la cara en un espejo: se ve a sí mismo, pero en cuanto da la vuelta se olvida de cómo es. Pero el que no olvida lo que oye, sino que se fija atentamente en la ley perfecta de la libertad, y permanece firme cumpliendo lo que ella manda, será feliz en lo que hace. (Santiago 1:23-25 DHH)

Conversemos sobre espiritualidad, rehabilitación y fe cristiana

Parábola del sembrador

(Lucas 8:11-15)

Las parábolas son hechos imaginarios registrados en la Biblia, que persiguen una enseñanza moral y espiritual. En ellas no se mencionan nombres sino personajes, como la siguiente: Un sembrador salió a sembrar… y la semilla representa el mensaje de Dios.

- La parte que cayó junto al camino representa a los que oyen el mensaje, pero viene el diablo y se lo quita del corazón, para que no crean y se salven.
- La semilla que cayó entre las piedras representa a los que oyen el mensaje y lo reciben con gusto, pero no tienen suficiente raíz; creen por algún tiempo, pero a la hora de la prueba se apartan.
- La semilla que cayó entre espinos representa a los que escuchan, pero poco a poco se dejan ahogar por las preocupaciones, las riquezas y los placeres, de modo que no llegan a dar fruto.
- Pero la semilla que cayó en buena tierra, son las personas que con corazón bueno y dispuesto escuchan y hacen caso del mensaje y, permaneciendo firmes, dan una buena cosecha.

Escribe dos situaciones que representan estar junto al camino:

1. _____
2. _____

Escribe dos situaciones que significan piedras en el corazón:

1. _____
2. _____

Escribe dos situaciones de preocupación que pueden estorbar el crecimiento de la semilla:

1. _____
2. _____

Escribe dos características de un corazón en el cual la semilla da fruto:

1. _____
2. _____

Pensamiento:

El mejor componente de tu tierra es tu capacidad de decidir.

Gigantes dentro de ti

(Números 13)

La siguiente historia se encuentra en el libro de Números y de ella aprendemos que una actitud positiva y de fe en Dios, es más importante que el tamaño de las dificultades. En ese momento el pueblo de Israel se encontraba cerca de Canaán, la tierra prometida. Y Moisés envió a doce hombres para que encubiertamente fueran y trajeran informes del lugar. Diez de ellos informaron que la tierra era habitada por hombres muy altos que les parecieron gigantes. Los otros dos admitieron que la tierra sí estaba habitada por gente más alta que ellos y más fuertes, pero que podrían vencerlos con la ayuda de Dios.

En la vida hay obstáculos que pueden verse como gigantes invencibles o armarse de valor para sacarlos y derrotarlos. Tus gigantes no se irán porque les digas «con permiso, salgan de aquí; ¿pueden dejarme en paz e irse de mí?». Algunos de ellos fueron invitados a entrar y ahora controlan y se han hecho dueños. Se han adueñado de una tierra que no les pertenece en derecho, y para sacarlos habrá que utilizar alguna forma de violencia.

Tres gigantes que no permiten conquistar la libertad:

1. **Gigante del orgullo:**

    El orgullo del cual nos referimos no tiene que ver con el que se jacta de tener un buen carro, una suma grande de dinero en el banco y una linda casa. El gigante al cual nos referimos se alimenta de la miseria, sonríe aparentando que todo está bien, y no permite la ayuda. Cree que lo sabe todo y que nadie está a su altura. El orgulloso vive desconectado de la realidad y no puede ver su situación de profunda miseria y pobreza. La conversación de un adicto lleno de orgullo y soberbia generalmente gira en torno a lo que hizo, lo que tiene, y lo que planea tener y hacer.

    En rehabilitación, el orgulloso queda afuera por causa de su sentido de autosuficiencia y falta de humildad para ser enseñado.

2. **Gigante del temor:**

   El temor es lo opuesto a la fe y a la confianza. El temor hace que la persona pierda sus fuerzas y renuncie a luchar aun antes de estar de frente al enemigo. El temor inhabilita, trae inseguridad, incapacita, afecta negativamente la visión de las cosas e impide avanzar. El temor puede precipitar una recaída, pero la confianza en el amor y el poder de Dios prevenirla.

3. **Gigante de la ignorancia:**

   Tal vez sea el peor de los gigantes. La ignorancia es ausencia de conocimiento, que es precisamente la puerta más ancha hacia la libertad. Ser ignorante no es lo mismo que ser un tonto. La solución del ignorante es aprender y cuando aprende puede llegar a ser sabio. El futuro del tonto y del orgulloso es seguir recibiendo golpes.

   La ignorancia no tiene que ver con el grado escolar ni con títulos obtenidos. Hemos visto a personas altamente cualificadas académicamente mostrando torpeza en la solución de conflictos. Sin autogobierno, incapaces de escuchar, sin amor por su familia, arrogantes, insensibles y ciegos que andan en tinieblas.

   Conocer la verdad y creerla conduce a la libertad, dijo Jesús. La Biblia, además de ser como un espejo, es un manual que muestra las fortalezas y debilidades y cómo enfrentarlas. Demarca límites, es fuente de esperanza y un magnífico instrumento de trabajo en el área espiritual.

   Escribe al menos dos gigantes que puedas identificar dentro de ti; recuerda que no están afuera. Cuando hayas identificado a tus gigantes, anótalos. Este estudio no se trata de definiciones de diccionarios, sino de utilizar el conocimiento que ya tienes y convertirlo en la fuerza que necesitas.

   _____

   _____

   _____

La Biblia

Lámpara es a mis pies tu palabra y lumbrera a mi camino. (Salmos 119:105 RVR1960)

¿Con qué limpiará el joven su camino? Con guardar tu palabra. (Salmos 119:9 RVR1960)

Ciertamente existen en el mercado literario, numerosos libros de autoayuda y autores extraordinarios que explican el tema de la espiritualidad. Todos ellos, directa o indirectamente reafirman los principios bíblicos que han sido puntales en temas de relaciones personales y sanidad interior. No obstante esos buenos libros, la Biblia sigue siendo el libro de autoayuda por excelencia. En ella, el Dios creador reveló su corazón, sus pensamientos, sus sentimientos y su voluntad.

Jesús, quien vino a enseñarnos la manera de llegar a Dios: a dar buenas nuevas a los pobres, a sanar a los quebrantados de corazón, a pregonar libertad a los cautivos, a poner en libertad a los oprimidos como una demostración de su gran amor. La Biblia no pretende ocultar y ni siquiera disimular las fallas de carácter, actitudes negativas y desgracias de sus personajes. Todo está ahí, para nuestra enseñanza y como en un espejo nos veamos reflejados en las consecuencias de esas conductas.

El mensaje de la Biblia imparte vida y es también pertinente en toda época y a toda persona. Cuando la leemos con hambre y sed de conocer a Dios, somos alimentados y saciados. El Espíritu Santo hace que esa Palabra penetre en el corazón y seamos transformados de adentro hacia afuera.

Medita en un pasaje de la Biblia favorito, o en aquel en que piensas que Dios te está hablando a ti personalmente, y escríbelo:

Pensamiento:

La luz de la verdad de Dios ilumina hoy tu espíritu para que vivas.

Para reflexionar:

Los principios de rehabilitación proveen de conocimiento. La Biblia y la espiritualidad que emana de ella, la increíble experiencia de sentirse limpio y con la oportunidad de reiniciar la vida.

Conversemos sobre espiritualidad, rehabilitación y fe cristiana

¡Oh Señor, enséñame a orar!

Aconteció que estaba Jesús orando en un lugar, y cuando terminó, uno de sus discípulos le dijo: Señor, enséñanos a orar... (Lucas 11:1a RVR1960)

Vengo ante ti Señor con hambre y sed en mi espíritu.

He oído hablar de ti tantas cosas que no sé si me ayudaron a conocerte o me alejaron de ti.

Por eso enséñame; enséñame las cosas que no sé. Enséñame a hablar contigo. Enséñame quién soy para poder hablar de mí con verdad.

Descorre los velos de ignorancia que hacen que mi pasado sea difícil e inalcanzable. Enséñame a interpretar mi presente con valor y a ver mi futuro con esperanza.

Abre hoy mis ojos a la realidad de tu presencia. Cubre con tu amor mis carencias y enciende una nueva luz dentro de mí.

Enséñame a hablar contigo como hablaría un hijo a su padre o un discípulo a su maestro.

Como ves, estoy empobrecido y mi sueño no es tranquilo. Día y noche mi alma gime en sollozos que ahogo en una adicción que me desconecta de mí mismo, de mi familia y de ti. Enséñame lo que está detrás de mi adicción y ponlo delante de mí para que pueda enfrentarlo y derrotarlo.

Enséñame a orar con palabras sabias y correctas que ni Satanás ni las huestes oscuras espirituales detengan.

Sé que por tu gran amor no me abandonarás; que por tu gracia infinita seré perdonado y nuevamente restaurado. Y cuando vea en mí tus obras, te alabaré y me regocijaré en ti.

Amén.

Enséñanos a orar (II)

Cada nuevo día debo saber cómo orar:

- Porque las batallas de ayer no son las mismas de hoy.
- Porque las artimañas y las maquinaciones de Satanás también son distintas.
- Porque los escenarios cambian.
- Porque mi manera de pensar, de ver y de sentir puede haber cambiado.
- Porque mi ánimo y mi disposición también pueden ser distintos.
- Cada día debo saber qué decir, qué pedir y cómo hacerlo.
- Hoy podría centrar mi relación con Dios en echar mi ansiedad sobre Él.
- Podría sentirme tan exhausto que pediría a Dios que atendiera a mi suspiro.
- En el día de hoy podría solo gemir o guardar silencio en profunda introspección.
- Hoy podría sonreír en su presencia recordando una gran victoria.
- Podría pedir al Espíritu Santo que me ayude a pedir como conviene.
- Podría rasgar mi corazón en ruego por una necesidad específica.
- En el día de hoy podría recibir una enseñanza o dirección.
- Podría orar por misericordia y perdón por mis pecados.

La oración es una conversación que debe reflejar exactamente lo que pienso, lo que siento, mis planes e intenciones, mis alegrías y fracasos.

No debo pretender engañar a mi Padre que ha extendido su oído para oírme con un adornado discurso ausente de mí.

Mi oración debe mostrar mi conciencia plena de quién soy y quién no soy, de manera que ni mis palabras ni mi actitud revelen una cosa distinta a mi naturaleza, mi carácter y mi verdadera necesidad.

Conversemos sobre espiritualidad, rehabilitación y fe cristiana

El hombre que oraba consigo mismo

(Lucas 18:9-14)

El hombre que oraba consigo no estaba loco. Es que había hecho un dios a su imagen y semejanza de su conciencia, de sus deseos y su punto de vista; no sabía trascender. Era un hombre ensimismado en sus razonamientos. Como era conocedor de la ley y los mandamientos, creía que no necesitaba ser enseñado. Ahora debía concentrarse en sus asuntos en privado y de manera personalista. Ese hombre era orgulloso y se sentía mejor que el publicano que apenas se atrevía mirar a Dios.

Orar consigo mismo es una muestra de egoísmo. La misma clase de egoísmo que no permite al adicto ver más allá de su adicción. Por lo cual el fariseo, como el adicto, recurren a sus obras para justificarse: el religioso para justificarse con sus logros, y el adicto con su incapacidad y sus desgracias.

Dios escuchó a ambos, pero el publicano fue quien alcanzó favor y gracia. Porque Dios no rechaza el corazón que le busca con humildad. No importa si la persona posee una posición religiosa privilegiada y hace oraciones hermosas. Una actitud incorrecta al orar puede ser resuelta en minutos mediante una oración de confesión y arrepentimiento, o tardar años en resolverse si se insiste en el egoísmo y el orgullo.

Para reflexionar:

Escribe una oración con la actitud del publicano, de agradecimiento, de confesión o reconciliación.

_____

_____

_____

_____

El ayuno

...El ayuno que a mí me agrada consiste en esto: en que rompas las cadenas de la injusticia y desates los nudos que aprietan el yugo; en que dejes libres a los oprimidos y acabes, en fin, con toda tiranía; en que compartas tu pan con el hambriento y recibas en tu casa al pobre sin techo; en que vistas al que no tiene ropa y no dejes de socorrer a tus semejantes. Entonces brillará tu luz como el amanecer y tus heridas sanarán muy pronto. (Isaías 58:6-8a DHH)

Ayunar consiste en la abstinencia total o parcial de alimentos durante un tiempo dedicado a Dios. Desde el punto de vista médico, el ayuno sirve para limpiar de toxinas el cuerpo. La Biblia contiene numerosos ejemplos de gente que ayunó en medio de profundas necesidades y tristezas.

Como el ayuno recomendado por los médicos sirve a la limpieza de órganos y sistemas vitales del cuerpo, el bíblico a disminuir el tóxico egoísmo, la autosuficiencia y reafirma la dependencia en Dios. Es un tiempo de consagración y profunda introspección en que el Espíritu Santo puede enseñar cosas que no sabes. Al ayunar te estás enviando un mensaje a ti mismo sobre lo que tiene más importancia y significado.

Ayunar no aumenta la fe; para ello está el conocimiento espiritual o revelado de la Palabra de Dios. El beneficio del ayuno es personal, fortalece el ser interior, y debe acompañarse con oración. Si puede hacerse con un compañero(a) sería mejor. La oración entre dos o más que están de acuerdo es poderosa.

El ayuno debe incluir un cambio de actitud hacia el prójimo, la justicia y la experiencia de una mayor libertad emocional/espiritual. La forma negativa y perversa de esta disciplina fue señalada por el Señor a los fariseos hipócritas. Ellos ayunaban como una obligación impuesta por la ley y para ser vistos.

Para reflexionar:

Infórmate sobre las diferentes formas y maneras de ayunar. La opinión de un médico en caso de que tengas condiciones de salud como la diabetes es importante.

Espiritualidad

Lámpara de Jehová es el espíritu del hombre, la cual escudriña lo más profundo del corazón. (Proverbios 20:27 RVR1960)

No hay duda de que una adicción activa mantiene en oscuridad el ser interior. Un estado en que no se toman decisiones serias, no se distinguen emociones, y lo que fue importante en otro momento ocupa un segundo o tal vez último lugar. La oscuridad interior lleva a la desconexión de sí mismo, de la vida familiar y si se persiste en la crisis, a un problema más serio de salud y legal.

Pero Dios, que creó al ser humano con un diseño perfecto, colocó un espíritu que le serviría de guía cuando perdiera el camino. Porque Dios nuestro Creador es un ser espiritual, somos seres espirituales. Gente con la capacidad de trascender y de ver una luz y una posibilidad donde creen que no la hay. No se trata de un autoengaño, sino de la convicción de que podemos ser resilientes a pesar de la gravedad de las circunstancias.

En el espíritu del ser humano se encuentra los buenos diseños originales de un estilo de vida saludable. Una información que ha sido oscurecida momentáneamente por criterios equivocados acerca de Dios, de sí y de lo que es verdaderamente importante. Es una lámpara que no desaparece ni se apaga; sigue allí mientras haya vida en espera que se le dé la oportunidad de alumbrar.

Y en esta gran batalla por la vida, nuestra participación será aceptar nuestra impotencia con humildad, mientras somos enseñados en las verdades liberadoras del Evangelio. Verdades que guiarán por un camino angosto, pero que conduce a la vida y al sano juicio.

Pensamiento:

Rehabilitación sin espiritualidad es como quien logra la abstinencia sin estilos de vida saludables.

La espiritualidad que cambia la vida

La espiritualidad según la Biblia:

- Existe dentro del ser humano – *Ciertamente espíritu hay en el hombre, y el soplo del Omnipotente le hace que entienda.* (Job 32:8 RVR1960)

- Tiene peso – *Todos los caminos del hombre son limpios en su propia opinión; pero Jehová pesa los espíritus.* (Proverbios 16:2 RVR1960)

- Enseña – *Y enviaste tu buen Espíritu para enseñarles, y no retiraste tu maná de su boca, y agua les diste para su sed.* (Nehemías 9:20 RVR1960)

- Es fuente de libertad – *Porque el Señor es el Espíritu; y donde está el Espíritu del Señor, allí hay libertad.* (2 Corintios 3:17 RVR1960)

- Es una lámpara en el interior – *Lámpara de Jehová es el espíritu del hombre, la cual escudriña lo más profundo del corazón.* (Proverbios 20:27 RVR1960)

- Enseña y guía a la verdad – *Enséñame a hacer tu voluntad, porque tú eres mi Dios; tu buen espíritu me guíe a tierra de rectitud.* (Salmos 143:10 RVR1960)

- Es una espada para combatir al maligno – *Y tomad el yelmo de la salvación, y la espada del Espíritu, que es la Palabra de Dios;...* (Efesios 6:17 RVR1960)

- Es lo que da vida – *El espíritu es el que da vida; la carne para nada aprovecha; las palabras que yo os he hablado son espíritu y son vida.* (Juan 6:63 RVR1960)

- Se puede nacer del Espíritu – *Lo que es nacido de la carne, carne es; y lo que es nacido del Espíritu, espíritu es.* (Juan 3:6 RVR1960)

- Se adora a Dios por medio de Él – *Dios es Espíritu; y los que le adoran, en espíritu y en verdad es necesario que adoren.* (Juan 4:24 RVR1960)

- Da testimonio de que somos hijos de Dios – *El Espíritu mismo da testimonio a nuestro espíritu, de que somos hijos de Dios.* (Romanos 8:16 RVR1960)

Me acordaré de mi Creador

Acuérdate de tu Creador ahora que eres joven y que aún no han llegado los tiempos difíciles; ya vendrán años en que digas: «No me trae ningún placer vivirlos.» (Eclesiastés 12:1 DHH)

Me acordaré hoy de mi Creador y mi Hacedor.

Quien me tuvo en su memoria desde antes que mis padres se conocieran y que fuera concebido.

El que me tuvo por digno de vivir y me rodeó con sus brazos y su mirada. Quien hizo un diario sobre mí donde escribió todas las cosas buenas y malas que después fueron cumpliéndose.

El que hizo mi cuerpo transitorio como una casa de campaña en un estuche de barro donde guardaría el gran tesoro de su presencia.

Vengo del barro por lo que soy materia moldeable, aunque firme y resistente como un pedernal.

Me acordaré de mi Creador hoy, que aún soy joven.

Porque mi barro es aún moldeable y los sueños y la esperanza son fuertes. Tomaré en cuenta a mi Creador porque los procesos creativos en mi cuerpo no han terminado. Tal vez pueda conocer el diseño original de quien Él quiso que yo fuera.

Tal vez enseña mi conciencia y mi corazón se ensanche y corra como ave que regresa de su peregrinaje a sus brazos.

Me acordaré y tomaré en cuenta a mi Creador porque es mi esperanza de salud, mi fuerza y mi más firme confianza.

Pronto llegará la vejez y con ella los años del silencio y la espera.

Después, todo habrá terminado y la vida pasará cual flor del campo, y el polvo volverá a su lugar y el espíritu a Dios quien lo dio.

Por eso, hoy haré un alto y me acordaré de mi Creador.

Para reflexionar:

La presencia de Dios es tan real como el aire que no vemos y que nos rodea.

Esfuérzate y sé valiente

Nunca se apartará de tu boca este libro de la ley, sino que de día y de noche meditaras en él, para que guardes y hagas conforme a todo lo que en él está escrito; porque entonces harás prosperar tu camino y todo te saldrá bien. Mira que te mando que te esfuerces y seas valiente; no temas ni desmayes, porque Jehová tu Dios estará contigo en donde quiera que vayas. (Josué 1:8, 9 RVR1960)

El joven guerrero Josué está listo para dirigir al pueblo en sustitución de Moisés. Su tiempo de preparación ha pasado, y el capítulo uno del libro de Josué es una lista de consejos de parte de Dios que le ayudarán a tener éxito. El nuevo líder deberá recodar ante todo, que su experiencia y su inteligencia de guerrero no podrían sustituir el consejo de Dios.

El versículo nueve contiene cuatro palabras claves: esfuérzate, sé valiente, no temas y persiste. Por esforzarse quería decir llevar al máximo el potencial de su fuerza física. Con valor, para practicar dominio propio, sin rendirse ante los retos difíciles, manteniéndose alineado con la voluntad de Dios y sin dejarse abatir por el paralizante temor. No ha habido quien haya abandonado una adicción activa con poco o ningún esfuerzo físico. Con falta de valor para enfrentar el enemigo más grande que es uno mismo.

Dios no le dijo a Josué que lo haría un *Superman* ni que le enseñaría trucos para facilitarle las cosas. Josué tenía la capacidad para salir airoso en el trabajo difícil; la parte de Dios sería estar con él. Josué debió haber cometido errores, pero hoy se le recuerda más por sus victorias de guerrero.

Pensamiento:

¿Qué, pues, diremos a esto? Si Dios es por nosotros, ¿quién contra nosotros? (Romanos 8:31 RVR1960)

Dios te recogerá

Aunque mi padre y mi madre me dejaran, con todo Jehová me recogerá. (Salmos 27:10 RVR1960)

Si por alguna infame o confusa razón tus padres decidieran abandonarte, Dios no lo hará.

Si a los ojos de quienes te dieron la vida pierdes valor y no fueras más un tesoro, con todo Él te recogerá, porque tú mismo eres el valor.

Si decidieran no confiar en ti negándote tu espacio, Dios seguirá brindándote el suyo y sus anchos brazos.

Si como a extraño te miraren porque no ocupas ya un lugar en su corazón, Dios te hará habitar en familia.

Dios te recoge con todo: lo que consideras valioso, como con aquellas cosas que te avergüenzan.

Dios te recibe, no como la basura que ha de ser puesta en el fuego.

Te toma como se rescata una herencia cuya apariencia causó desilusión a unos pocos.

Que te recoja Dios implica el pago de un precio y el derecho legal de llamarte eternamente su hijo.

Pensamiento:

Dios jamás y por ningún motivo abandona a sus hijos.

¿Se olvidará la mujer de lo que dio a luz, para dejar de compadecerse del hijo de su vientre? Aunque olvide ella, yo [Dios] nunca me olvidaré de ti. (Isaías 49:15 RVR1960)

Ejercicio de reflexión:

Haz una marca debajo de las manos que mejor identifican tu concepto del cuidado de Dios hacia ti.

Manos que aman   **Manos que castigan**

_____   _____

Manos que no existen   **Manos que me hacen sentir culpable**

_____   _____

Manos que tienen coraje

_____

Para reflexionar:

Explícale a Dios en oración por qué sus manos tienen para ti el significado que marcaste. Exprésale la manera en que te gustaría que fueran sus manos para ti en caso de que hubieras marcado unas manos con un significado negativo.

Conversemos sobre espiritualidad, rehabilitación y fe cristiana

¡Hazlo por ti!

Me levantaré e iré a mi padre, y le diré: Padre, he pecado contra el cielo y contra ti. (Lucas 15:18 RVR1960)

Si todos los caminos se han cerrado; ¡hazlo por ti!

Si es imposible recuperar la confianza y el amor de los tuyos; ¡hazlo por ti!

Si no puedes restablecer la relación con tu familia y te sientes abandonado; ¡hazlo por ti!

Si no puedes creer en un Ser Superior; ¡hazlo por ti!

Si el cielo llegara a ser tu techo y tu habitación fuera el mundo, podría ser el mejor tiempo para comenzar a hacerlo por ti.

Haber perdido todo, puede ser el mejor porqué para que comiences a hacerlo por ti.

Perder el amor propio es lo más cobarde porque ciertamente, ¡puedes hacerlo!

En la medida que te ames, alguien más te amará y verás que no estás solo; muchos más dirán contigo: ¡lo haré!

Por eso levántate con valor y regresa a tu padre Dios.

Pensamiento:

Si no lo haces, nadie lo hará por ti.

Honra a tu padre y a tu madre

Honra a tu padre y a tu madre, que es el primer mandamiento con promesa; para que te vaya bien, y seas de larga vida sobre la tierra. (Efesios 6:2, 3 RVR1960)

Tus padres no fueron los mejores, pero tampoco fueron los peores. Fueron gente imperfecta de quienes recibiste la oportunidad de vivir y ser guerrero. Enfrentaron necesidades, escaseces y haber sufrido el no haberte dado más. Por lo que llevan en su corazón un doloroso sentido de fracaso y de culpa. Posiblemente fueron otras personas quienes te criaron, lo que acrecienta tu malestar.

Entre las formas más comunes de maltrato se encuentra el desamor. Ciertamente es doloroso tener dudas sobre si las personas cercanas nos amaron. Y hoy, habiendo pasado tantos años, te sientes distante de ellos y extrañas el calor de sus brazos. Los extrañas y te preguntas si alguna vez te quisieron y lo que realmente significaste para ellos.

No te afirmaron como hijo, ni como persona ni estuvieron cuando los necesitaste pero aún así Dios ordena que los honres. Es probable que sientas que no los amas ni tampoco tienes la confianza de ellos para acercarte. Aun así es posible honrarlos mediante el respeto y el cuidado. Es un buen principio moral que si no se puede hablar bien de ellos, es mejor decir nada, no hablar mal. Dios promete larga vida y que le irá bien a quien honra a sus padres.

Pensamiento:

Honrar es una forma de amar.

Pregunta para reflexionar:

¿Qué puedes hacer para honrar a tus padres el día de hoy?

Conversemos sobre espiritualidad, rehabilitación y fe cristiana

Los caminantes tristes

(Lucas 24:13-35)

Eran dos discípulos haciendo lo que la mayoría de la gente triste hace: caminar. Habían pasado más de tres días de la muerte del Maestro y la tragedia seguía siendo tema de conversación. Caminaban entrada la tarde, y la proximidad de la noche era un presagio de perder toda esperanza y las expectativas que habían puesto en el Señor.

De pronto Jesús se acercó y comenzó a caminar con ellos, pero no lo reconocieron. Más bien lo incluyeron en su reflexión sobre lo injusto que habían sido las autoridades al condenar a un buen hombre. Entonces Él comenzó a explicarles los pasajes de la Escritura que hablaban sobre sí.

Cuando el grupo se detuvo, los discípulos en vez de despedirse le invitaron a entrar a su casa: —Quédate con nosotros porque ya es tarde —le dijeron. Sentados a la mesa y mientras su invitado partía el pan, como era la costumbre, descubrieron su identidad; era el Señor Jesús. Luego de esto el Señor desapareció de su vista, y estando a solas reflexionaron sobre la experiencia de sentir que su corazón ardía mientras caminaban escuchándole.

¿Acaso has tenido la experiencia de sentir calidez, cariño, deseo de seguir escuchando, de ser amigo o alguna emoción especial mientras alguien te habla? Las personas que hablan de esa forma tienen la luz de sus espíritus encendidos. Hablan realidades con misericordia y verdad. No critican, no argumentan, tienen respeto por los sentimientos del otro(a), o de las autoridades, y creen en la soberanía de Dios.

Probablemente el Señor, quien sabe de tu tristeza, no se presente anunciándose por su nombre. Y se acerque y hable directamente a tu corazón con palabras que alientan, que dan esperanza y encienden un nuevo fuego que haga olvidar la tristeza.

Oración:

Oh, Señor, que la tristeza no cierre mi oído ni mi corazón para escucharte.

Herencias

No erréis; las malas conversaciones corrompen las buenas costumbres.
(1 Corintios 15:33 RVR1960)

Las palabras que decimos y las conversaciones son testimonio de creencias y valores que representan una herencia. Una herencia puede definirse, en términos generales, como la bendición material o no material que alguien atesoró para ti. Una herencia es un legado de amor, una semilla nueva para plantar y un fundamento sobre el cual edificar. Quien pone en tus manos una herencia, es que te valora porque fuiste hallado digno de confianza y con la capacidad de administrar.

El día que emocional o físicamente te alejaste del hogar, llevaste contigo bienes y riquezas que representan una herencia. Tu manera de ser, tus características y tus costumbres pregonaban el origen y la naturaleza de tu herencia. Era un tesoro que no pudiste esconder aun cuando trataste de hablar y de actuar como ellos.

El vocabulario y las costumbres que aprendiste en malas compañías, corrompieron la herencia que llevabas. Tal vez consideraste que lo que llevabas no era importante ni ejemplar, pero ciertamente era mejor que lo que obtuviste en la calle.

Cuando molesto pienses alejarte del hogar, piensa en el valor de tu herencia. Tienes el derecho de malgastarla, pero nunca sabrás si contarás con el tiempo de volver a obtener una nueva.

Pensamiento:

Considera y valora tu herencia.

Pregunta para reflexionar:

¿Qué herencia has perdido? ¿Estás intentando recuperarla? ¿Cómo piensas lograrlo?

Raíz de impiedad o de justicia

El hombre no se afirmará por medio de la impiedad; más la raíz de los justos no será removida. (Proverbios 12:3 RVR1960)

¿Podría un pequeño árbol de Navidad que fue cortado y vendido, ser devuelto a sus raíces? En algún lugar en la tierra se halla el ambiente que le ayudó a desarrollar su estatura y su belleza. Haber sido cortado le despojó de la posibilidad de seguir creciendo y de alcanzar una buena estatura. Cortarlo benefició a unos, pero despojó a otros de algo valioso.

Eso es lo que ocasiona una adicción activa: separa de lo que es la fuente de vida, esto es, las raíces, y se comienza a morir. Por un corto tiempo permanece verde y luego se seca perdiendo sus características de un árbol vivo. La aparente vida es solo eso, apariencia, porque interiormente está muriendo.

No es posible devolver el árbol a sus raíces, pero una persona sí puede volver a la fuente de lo que significó la razón y la fuerza de su vida. Posponer el momento de regresar retrasa la bendición de una reconciliación. Una reunión donde haya abrazos, besos, un te amo y lo siento, puede conectar lo que está cortado y separado para empezar a renovar la vida.

La vida no se afirma legítimamente con maldad e impiedad. Pero hay esperanza de que la raíz del justo reverdezca aunque haya sido sacudida por una adicción.

Pensamiento:

Algún día y en algún momento tendrás que regresar.

Pregunta para reflexionar:

¿Estas muriendo o regresando a la vida?

Amar más las tinieblas

Y esta es la condenación: que la luz vino al mundo, y los hombres amaron más las tinieblas que la luz, porque sus obras eran malas. (Juan 3:19 RVR1960)

Amando más las tinieblas que la luz, es la mejor descripción de quien vive en el oscuro mundo de una adicción activa. Ese es un mundo en que la mayor actividad se desarrolla de noche. Es el tiempo en que los bares abren sus puertas, los vendedores corren a sus ventas y da inicio toda clase de actividad autodestructiva. Los dueños de ese negocio saben que la noche atraerá a clientes. Y también saben que la noche es el mejor tiempo para pecar y que sirve como oscuro telón para ocultar verdades y tragedias.

Sin embargo, y como una ley natural, la mañana llegará y despertarán del fantasioso letargo. Los incisivos rayos del sol penetrarán sus adormecidas pupilas y verán el mundo que no desean enfrentar. Verán que las responsabilidades no han sido quitadas, sino pospuestas.

Sentirte en un momento dado atraído por las tinieblas no significa que las amas más. Cargamos una cantidad inmensa de emociones negativas que pueden llegar a ser, en un momento dado, un problema. Emociones como la ira, el rechazo y cualquier forma de pérdida podrían conducir a buscar un poco de alivio.

Y al final, la gente no se condena por sus fallas y sus caídas sino por la decisión de amar más las tinieblas. El Señor Jesús es quien hace el llamado a vivir en la luz. Dijo que era la luz del mundo y que la única razón para no amar la luz es porque revelaba las malas obras.

Pensamiento:

Amar más las tinieblas equivale a vivir en condenación, en rechazo al Señor Jesús.

Pasando el túnel

...El que anda en tinieblas y carece de luz, confíe en el nombre de Jehová, y apóyese en su Dios. (Isaías 50:10b RVR1960)

El paso de una adicción activa es como quien se encuentra atravesando un túnel. Un túnel es un lugar donde hay poca o ninguna luz, y donde la única forma de salir es seguir avanzando. En ese lugar no es una decisión correcta detenerse. Tampoco se resuelve el problema preguntando cómo se llegó ahí, el porqué, o llenándose de temor, de coraje y pesimismo.

Tratar de entender las tinieblas buscando una explicación lógica no las disipará. Que la luz no se pueda ver no significa que se fue o que no existe, es que estás fuera de su alcance. El túnel con su falta de luz es una situación de vida que cualquier ser humano puede experimentar; un lugar temporero a donde la luz no alcanza.

Los tiempos de oscuridad pueden aumentarse o disminuirse en intensidad por las cosas que hablamos, los lugares que insistimos en frecuentar y las voces negativas a las que damos oído. Hay testimonios de gente que ha cruzado al otro lado. Su experiencia es valiosa porque nos dicen lo que hicieron para salir del túnel. Ante la falta de luz apóyate en Dios que te ve y no pierde de vista a sus hijos, aunque estén en lo más profundo o en el más alto e inalcanzable lugar.

Pensamiento:

En el paso del túnel oscuro, confía, apóyate y no te detengas.

Para reflexionar:

Además del túnel de una adicción, identifica algún otro túnel en que te encuentras.

_____

_____

Oración:_____

Hoyos y pozos

Y me hizo sacar del pozo de la desesperación, del lodo cenagoso...
(Salmos 40:2a RVR1960)

De un hoyo se puede salir con más facilidad que de un pozo. Los pozos son sepulturas de forma vertical. Voluntariamente se puede entrar allí creyendo poder esconderse y aliviarse. Un pozo parece ser un lugar de refugio pero eventualmente se convertirá en una trampa mortal.

Lo que ocurre es que los pozos se llenan de basura y en una inundación con agua. Los pozos son lugares en donde se está desconectado. Nadie más, excepto la persona, cabe en ese lugar. Creer que los amigos estarán allí es una fantasía. Ellos han caído en los suyos y no acompañarán a nadie, inclusive cuando las cosas se pongan difíciles.

La única salida de un pozo es hacia arriba. Levantar las manos y la voz en señal de auxilio son maneras para lograr que alguien se detenga y nos ayude. Estar aislado no ayuda a sanar y allí se muere lenta y dolorosamente. La Biblia llama con diferentes nombres a los pozos que representan situaciones de crisis; uno de ellos es el pozo de la desesperación.

No hay por qué posponer el momento de salir. Nunca se sabe cuándo una cómoda área de adicción se convertirá en una trampa de la cual no se pueda salir, aunque se procure. ¿Te sientes hundido como si estuvieras en un pozo? ¿Podrías identificar el nombre del pozo en el cual te hayas?

Pensamiento:

Dios ayuda a quien decide dejar el pozo.

Pregunta para reflexionar:

¿Qué razón puede haber para no querer salir? ¿Temor, falta de confianza? ¿Qué estás haciendo hoy para salir?

Cuevas

Y allí se metió en una cueva, donde pasó la noche... (1 Reyes 19:9a RVR1960)

Una cueva es un espacio limitado que no nos permite mover como lo hacíamos estando afuera. Generalmente las cuevas se hallan en lugares alejados y desiertos. Allí estamos solos en la mala compañía de emociones negativas como el temor, el coraje, la culpa y otros. También una cueva podría servir de lugar de descanso al caminante y refugio en medio de una gran tormenta. Sin embargo, las cuevas no son lugares para vivir o permanecer.

Las cuevas son potenciales prisiones y en última instancia sepulturas. Para salir de allí hay que volver la mirada hacia el mismo lugar por el cual se entró. Quien entró allí huyendo, debe saber que en algún momento tendrá que levantarse y caminar hacia el enemigo que no desea enfrentar. Ya él sabe que le temen y eso no favorece.

Todos hemos estado en ese solitario espacio de tiempo de lamento y de autoconmiseración. Hemos sentido la necesidad de estar solos para reflexionar, para recuperar fuerzas y planificar una estrategia nueva de lucha. En el caso de esta historia, Dios le pidió a Elías que saliera de la cueva donde se encontraba temeroso. Al parecer se había olvidado de que Dios le amaba y era poderoso para guardarle. Pasó la noche allí y a la mañana siguiente descubrió que Dios estaba a la entrada de la cueva esperándole. Listo a expresarle su amor y mostrarle un nuevo camino que nunca antes había caminado.

Pensamiento:

No temas, a la salida Dios está aguardando.

Pregunta para reflexionar:

¿Estás entrando, has estado allí demasiado tiempo o estás saliendo de tu cueva?

En la confusión

Cada día mi vergüenza está delante de mí, y la confusión de mi rostro me cubre… (Salmos 44:15 RVR1960)

Confusión es el estado de quien perdió el sentido de dirección a la mitad del camino. No sabe qué hacer, no piensa con claridad y está a punto de perder o ha perdido la habilidad de autogobernarse. Lastimosamente observa cómo la vida sigue su ritmo habitual. Está detenido y desde su limitado espacio observa caminar a otros.

Quien está confundido no descansa bien ni tampoco lo suficiente. Tiene el conocimiento, pero no alcanza a aplicarlo. La experiencia es un recuerdo de cosas sin significado ni pertinencia. Acumula más y profundas dudas acerca de sí, y el mismo estado de confusión no le ayuda a escuchar el consejo y la ayuda.

Estar detenido también le convierte en un ser vulnerable. Una persona vulnerable es frágil y fácil de empujar por quien piensa que estorba su paso, y es además manejable por el hombre malo. Una situación así no podrá sostenerse por mucho tiempo. Si no toma la iniciativa, otro lo hará por él. Si no decide, será inducido.

La persona confundida necesita ingresar a su sala de emergencia personal y someterse voluntariamente a uno o a todos los siguientes tratamientos: Descansar el resto del día, organizar su programa o rutina de acuerdo con lo que considera prioridad, tener una conversación con su mentor relajada y quietamente y orar de forma honesta a Dios.

Pensamiento:

Dios no está confundido; espera y confía en Él.

Para reflexionar:

Ciertamente ninguno de cuantos esperan en ti será confundido. (Salmos 25:3a RVR1960)

En el día malo

Por tanto, tomad toda la armadura de Dios para que podáis resistir en el día malo, y habiendo acabado todo estad firmes. (Efesios 6:13 RVR1960)

Un día malo es ese día en que la alegría de vivir se termina. Un tiempo en que escuchas sin poner atención. En que da lo mismo sonreír o no hacerlo y prefieres no hablar. Es llegar a un estado tal de fastidio que da lo mismo una cosa que otra. En esos días no se perciben los colores; todo es blanco o negro, y la música que antes alegraba y calmaba, ahora es molesta. Una crisis así lleva a experimentar una sensación de desconexión y de vacío. Lo próximo será la pérdida de concentración y un peligroso estado de desorientación.

La crisis no se detiene por sí sola, más bien se acrecienta. Este estado de inercia emocional, espiritual y mental puede durar horas, días o semanas. Y las cosas se complican cuando sabemos que las responsabilidades del diario no pueden esperar; que hay gente que nos observa y que esperan una respuesta valiente.

Con este gran peso y esta gran tormenta, hay que hacer como los barcos que enfrentan una tempestad en alta mar; tirar anclas. Lo cual significa evitar estar en la calle, tomar tiempo para relajarse, descansar y abandonarse en las manos de Dios, expresándole el dolor y la angustia que se siente.

Para reflexionar:

Quien vive el cuadro crítico de la confusión, su futuro no es mañana, sino los próximos minutos que determinarán el siguiente día.

Pensamiento:

Estar firme es un ejercicio práctico y diario de la voluntad.

Aún hay esperanza

Porque si el árbol fuere cortado, aún queda de él esperanza...
(Job 14:7a RVR1960)

¿Sientes como si hubieses sido cortado? ¿Como si turbulentas aguas empujadas por vientos con poder de destruir te hubieran derribado? Así se sintió Job cuando le fue quitado todo, incluyendo a su familia. Él habló de un árbol cortado, pero también de esperanza por causa de las raíces.

No importa cuán débiles, pocas, el grueso y la cantidad de tus raíces. El mensaje de Dios es que tienes raíces que representan el comienzo de una nueva vida. ¿Qué son tus raíces? No son tus pies cansados de ir y venir por la vida. Tus pies sostienen tu cuerpo pero tus raíces están enraizadas en tu corazón, tu alma y tu espíritu. Tu raíz es la esencia de quien eres, aparte de tu adicción. Tus raíces son tus valores, tu carácter, el poder que hay en ti para reproducirte en una nueva vida si lo permites.

Únicamente el árbol mismo puede ser su principal aliado como su peor enemigo. Capaz de enviar a sí mismo, el mensaje si debe secar o vivir. No hay que olvidar que los árboles más fuertes son aquellos que son sacudidos con más violencia por los vientos en las montañas. Árboles que han partido en algún momento de sus vidas, pero han reverdecido.

Dios no te hizo para que mueras como raíz seca en el silencio y la oscuridad. Quiere que tengas esperanza y como el luchador que ha sido fuertemente golpeado en combate, te levantes. Que renazcas y seas nuevamente un buen árbol que da buenos frutos.

El Espíritu de Dios es el agua que hace reverdecer, sanar y renovar cada tejido de tu escasa vida para que seas planta nueva (referencia a Salmos 1).

Pensamiento:

Tienes posibilidades de ser árbol que da frutos.

Conversemos sobre espiritualidad, rehabilitación y fe cristiana

La verdad acerca del uso de drogas

Falso   **Verdad**

Consumiré poco………………… consumirás mucho.

Me sentiré mejor………………… te sentirás peor.

Será la última vez……………… mañana dirás lo mismo.

Gastaré poco…………………… gastarás todo.

Estaré entre amigos…………… lo son mientras tengas dinero.

Lo podré controlar……………… perderás todo control.

La necesito……………………… la quieres.

No daño a nadie………………… dañas tu vida y la de quienes te aman.

Es mi vida ……………………… es la de miles de hombres, mujeres y niños inocentes, víctimas del narcotráfico.

Otros son culpables……………… y tú eres responsable por tus actos.

Estaré seguro …………………… siempre estarás en riesgo de ser arrestado, robado o estafado.

Nadie lo notará………………… tus ojos, tu semblante, tu voz, tu caminar, y tus actitudes te delatan.

Añade a esta lista tu experiencia:

_____

_____

_____

_____

El vendedor de drogas

...porque la raíz de todos los males es el amor al dinero... (1 Timoteo 6:10a RVC)

Un vendedor de drogas:

- Se encuentra en el último escalón de la escala de valores.
- Es una persona que perdió contacto con la realidad.
- Traficante del placer, la lujuria, el desenfreno y las bajas pasiones.
- Sabe las ventajas del dinero pero ignora su valor.
- Embajador del reino de las tinieblas.
- Sembrador de mala semilla.
- Soldado cuyas armas ilegítimas matan a víctimas inocentes.
- Mensajero de engaños y de mentiras.
- Su cara no revela su verdadero rostro.
- Es quien da el empujón final al abismo a quienes andan en busca de ayuda.
- Enemigo de Dios, de la Iglesia y de la familia.
- Es maldición en su cadena generacional.
- Su alcance de destrucción trasciende lo eterno.
- Es un faro cuya luz guía al desastre.
- No vende sueños; vende pesadillas.
- Navegante que perdió el rumbo.
- Solo la sangre de Jesús puede limpiar la sangre inocente de sus manos y romper su pesado yugo.

Para reflexionar:

El que camina en justicia y habla lo recto; el que aborrece la ganancia de violencias, el que sacude sus manos para no recibir cohecho, el que tapa sus oídos para no oír propuestas sanguinarias; el que cierra sus ojos para no ver cosa mala; este habitará en las alturas; fortaleza de rocas será su lugar de refugio; se le dará su pan, y sus aguas serán seguras. (Isaías 33:15, 16 RVR1960)

Conversemos sobre espiritualidad, rehabilitación y fe cristiana

Algo peor

Después le halló Jesús en el templo, y le dijo: Mira, has sido sanado; no peques más, para que no te venga una cosa peor. (Juan 5:14 RVR1960)

Vivir de espaldas a Dios conduce a algo peor. No se puede evadir con inteligencia y astucia la realidad de que algo peor nos alcance. El pecado es la oscura fuerza del infierno que empuja hacia abajo y su objetivo es destruir.

Algo peor puede ser:

- La pérdida de una complexión física saludable.
- Locura.
- Falla del corazón.
- Deterioro de los pulmones.
- Un tiempo en prisión que dañe el récord legal.
- Que mueras y ya no tengas más tiempo.
- La posibilidad de que la familia no brinde una nueva oportunidad.
- Que se pierda la confianza en sí mismo y se deje de tener esperanza.
- Verse en un pozo más profundo y en un túnel cuyo final sea más lejano y difícil de hallar.
- Que por algún oscuro motivo no quieras regresar a los brazos de Dios.

Pensamiento:

Algo peor merece cuidado y si se trata de lo espiritual, mucho más.

Pregunta para reflexionar:

¿Piensas que lo peor es un castigo de Dios o consecuencias de tus acciones? Comenta tu reflexión con alguien más.

De todos modos moriré

Entonces dijo Esaú: He aquí yo me voy a morir; ¿para qué pues me servirá la primogenitura? (Génesis 25:32 RVR1960)

Es la expresión más común de quienes han decidido que lo que tienen es suficiente y no aspiran a alcanzar un poco más. ¡No vale la pena esforzarse, dicen, si de todos modos moriré! ¿De qué sirve caminar una milla adicional, devolver bien por mal, ser justo, honrado, esforzarse en alcanzar logros y metas más altas, si de todos modos moriré?

Si supieras cuándo vas a morir, ¿qué harías? Con toda probabilidad te gustaría tener la oportunidad de expresar lo que no has expresado, subsanar las palabras ofensivas y de falta de perdón, visitar a un familiar del cual te alejaste, o volver a los brazos de Dios. Tal vez no harías nada de lo anterior y optarías por retirarte en soledad lleno de recuerdos tristes e inculpatorios, lo que aceleraría el proceso de muerte.

Las leyes espirituales de siembra y cosecha son tan reales y firmes como que el sol sale cada mañana. Cosechamos lo que sembramos, aunque en ocasiones no veamos de inmediato el fruto y nuestra parentela sea quien lo disfrute o lo sufra. Todo ser humano ha trabajado con la realidad de tener mala hierba en el corazón. Un indeseable fruto que provino de malas semillas que sembramos, que permitimos que alguien sembrara, o que llegó allí por circunstancias fuera de nuestro control.

Nadie ha podido estar totalmente libre de las malas semillas y hierbas. Lo que hay que procurar es que prevalezca la buena. No hay que frustrarse ni cansarse para que en el momento de morir, haya al menos una persona que obtenga buen fruto de nosotros.

Pensamiento:

Cuando eliges el placer de tu adicción escoges no ser bendecido.

Para reflexionar:

Quien renuncia a luchar renuncia también a la vida. ¿Estás luchando o te estás dando por vencido?

Por un corto tiempo

Vi yo al impío sumamente enaltecido, y que se extendía como laurel verde, pero él pasó, y he aquí ya no estaba; lo busqué y no fue hallado. (Salmos 37:35, 36 RVR1960)

Seguramente has tratado con personas enaltecidas y arrogantes, que viven el presente sin pensar que en minutos las cosas pueden cambiar. Son personas que parecen ignorar que el trabajo o la actividad que realizan acortan sus días. Como es el caso de quien se dedica al tráfico de armas, de personas y de sustancias, entre otras actividades de delito.

El tiempo de vida de una persona dedicada a delinquir es frágil como el de una planta de laurel. Una simple planta que es arrastrada por el viento fuerte o secado por el ardiente sol. Una persona que a su paso por la vida no tuvo la oportunidad de ser otra cosa que una simple planta silvestre. Que fue buscado y no se pudo hallar porque se fue antes de tiempo. Por un tiempo se enalteció, se extendió y su verdor dejó de ser. Un tiempo que puede ser breve, muy breve o brevísimo.

El silencio de Dios no significa que aprueba o que no puede alcanzar a esa persona. Por lo que posponer el momento de empezar a hacer lo que se debe, es aumentar la probabilidad de que el día del desarraigo esté cerca. Que las autoridades te busquen y no te encuentren no es importante. Que te busque tu hijo, un sobrino, tus padres o un hermano y no te hallen; es algo serio que debes considerar.

Pensamiento:

El tiempo en la casa de Dios y cerca de la familia, no solo es bueno, es el mejor.

La paciencia del labrador

Mirad cómo el labrador espera el precioso fruto de la tierra, aguardando con paciencia hasta que reciba la lluvia temprana y la tardía. (Santiago 5:7b RVR1960)

¿Sabías que una de las semillas que más tarda en germinar es la de coco y que las de hortalizas demoran menos tiempo? ¿Que existen semillas que logran germinar gracias al fuego que deshace su dura corteza? El labrador debe conocer la naturaleza de la semilla que va a sembrar. Saber la estación y el momento adecuado de sembrar aumentará la probabilidad de obtener fruto.

Eres una semilla con la capacidad de germinar rápidamente o de esperar más tiempo. Ese tiempo de espera no determina tu valor ni tu utilidad. Por ejemplo, un centro de rehabilitación puede ser un buen terreno donde puedes volver a germinar. El tiempo allí es un tiempo de espera a tu favor. La separación temporera de la familia, de los amigos y vecinos es como estar sepultado. Necesitas descansar y un tiempo para reflexionar y hacer decisiones porque eres suficiente valioso para darte esa oportunidad.

Los centros de ayuda y de rehabilitación no pueden transformar vidas. El acto de germinar y crecer proviene del interior y no del exterior. Por tanto; aprovecha los momentos en que estés a solas, practica deportes, ejercítate y duerme lo mejor que puedas. Evita las distracciones como el televisor y las conversaciones negativas; ocúpate en la lectura. Enfócate, espera y confía en Dios que envíe sobre ti lluvia que te permita renacer.

El tiempo que inviertes en ti es el mismo que el sembrador al plantar una semilla, que espera el tiempo del fruto con esperanza y expectación.

Pensamiento:

El valor más importante de la semilla es su capacidad de morir y reproducirse en otra vida.

Para reflexionar:

Si tienes prisa por abandonar el centro de rehabilitación, probablemente es que no estás listo.

Mejor es confiar en Dios

Mejor es confiar en Jehová que confiar en el hombre. (Salmos 118:8 RVR1960)

La manera saludable de confiar tiene límites. Son límites que en vez de alejar, protegen, no crean expectativas demasiado altas e irreales, ni dependencias emocionales. La clase de confianza que debe haber entre amigos, con un mentor, el esposo(a) y el líder espiritual debe ser fundada en el amor y la libertad personal de elegir. Es la clase de amigos con las que nos sentimos en confianza, que nos advierten el peligro de caer y respetan a pesar de conocer nuestros defectos y fallas; pero confiar en Dios es mejor.

¿Por qué es mejor confiar en Dios que en los seres humanos? Una razón es que los seres humanos fallan y Dios no falla. Y cuando esa confianza que debe estar en Dios es puesta en una persona, nos convertimos en seres dependientes. Dependientes porque coloca en el brazo humano un poder que pertenece a Dios. Se ha creado una expectativa muy alta de perfección y garantías en un ser imperfecto. En una persona que puede cambiar de parecer, equivocarse y hacer cosas que ni siquiera sabe por qué las hace.

La confianza dependiente que es depositada en otro ser humano, se inicia y se agranda con las necesidades y debilidades personales. Confiar en el ser humano como si fuera Dios no te hará una mala persona sino más vulnerable. La confianza en Dios no está basada en emociones ni en estados de ánimo cambiantes, sino en sus promesas contenidas en la Biblia. Confía primordialmente en Dios y ama a tu prójimo.

Pensamiento:

Cuando amas en una forma correcta, confías de una manera saludable. Piensa en ejemplos de maneras en que se puede confiar sin depender.

Para reflexionar:

Da lo mejor de tu confianza a Dios y ama a tu prójimo.

Solamente cree

¿Creéis que puedo hacer esto? Ellos dijeron: Sí, Señor. (Mateo 9:28b RVR1960)

El Señor hizo esta pregunta a dos ciegos que le habían seguido pidiendo que les hiciera el milagro de la vista. ¿Por qué el Señor habrá hecho la pregunta?: «¿Creéis que puedo hacerlo?» Era obvio que si le habían seguido era porque tenían fe de que podía hacerlo. Aparentemente la pregunta tenía el propósito de que ellos mismos se oyeran expresar si tenían fe.

Imagina que el Señor hiciera hoy esa pregunta a una persona que ha gastado mucho dinero en busca de su salud. Alguien que entiende que sus posibilidades de recuperación son mínimas. Probablemente contestaría de una manera diferente. Tal vez hubiera dicho: «Bueno, Señor, hemos tratado de muchas maneras y venimos a ver qué tal nos va contigo.» ¿Piensas que una respuesta así representa fe? No, no representa fe. Probablemente un ganar tiempo o posponer el tiempo de ser sanado, porque le va bien siendo limosnero.

La respuesta de estos hombres ciegos es categórica y firme. Debieron haber estado profundamente convencidos mientras ofrecían su respuesta. Esa es la respuesta de quien está cansado de tratar. De alguien que no quiere ser más dependiente. Quiere trabajar, desea valerse por sí mismo y tener autogobierno. Se puede tener el buen deseo, pero hay que tener fe en sí mismo para andar los pasos necesarios. Y en el Señor como el poder supremo que puede ayudar a recobrar el sano juicio.

Pensamiento:

¿Puede una persona en una adicción activa considerarse limosnero?

Jesús, altísimo poder

(Colosenses 1:15-20)

Si se fuera a escribir todas las obras que el Señor hizo, ha dicho el apóstol Juan, los libros no cabrían en el mundo (Juan 21:25). Los estudiosos aseguran que los Evangelios únicamente registran un período de tiempo aproximado de treinta días de la vida y obra del Señor Jesucristo. Siendo así, es muy probable que haya cientos de miles de enseñanzas y de obras que no fueron registradas o que no llegaron a nosotros.

Desde el tiempo de Cristo muchas cosas han cambiado en el mundo, pero ni su poder ni su amor revelado en sus enseñanzas han cambiado. Enseñanzas como la *Regla de Oro*, el perdón, la misericordia, la justicia, el bien que vence el mal, la ley de siembra y cosecha, la muerte espiritual y la seguridad de la vida eterna en el cielo; son solo algunos ejemplos en la larga lista.

Miles de escritores se han sentido inspirados a escribir poemas y canciones dirigidos a Él. Porque solo Él es el Maestro de maestros y quien tiene el poder de destruir el imperio y las huestes de Satanás. Jesús, el Hijo adoptivo de José y María y unigénito del Padre Eterno, habita en la Eternidad. Solo Jesús pudo abrir para el pecador marginado y perdido un camino de esperanza. Siendo rey se hizo siervo y siendo siervo se humilló hasta lo sumo por lo cual llegó a ser salvador y redentor de nuestras almas.

Pensamiento:

Y en ningún otro hay salvación; porque no hay otro nombre bajo el cielo, dado a los hombres, en que podamos ser salvos. (Hechos 4:12 RVR1960)

Pregunta para reflexionar:

¿Conoces de algún otro que sea superior al Señor Jesucristo?

Dios tiene pensamientos de paz para ti

Porque yo sé los pensamientos que tengo acerca de vosotros, dice Jehová, pensamientos de paz y no de mal, para daros el fin que esperáis. (Jeremías 29:11 RVR1960)

Saber que Dios tiene pensamientos de paz respecto de ti tiene un gran valor; ¡no es enemigo, es un amigo! No está en contra de ti, está por ti y para ti; te ama. Sus pensamientos responden a un plan que diseñó especialmente para ti desde antes que nacieras; el plan de que fueras su hijo y le sirvieras. Alguien con la capacidad de alcanzar un buen futuro a pesar de las dificultades y problemas que enfrentarías.

Posiblemente tienes la imagen y una profunda creencia de que Dios es un padre castigador. Que ama a los hijos que se portan bien, pero a los que se portan mal los tolera. Lo único que Dios no tolera es el pecado y la actitud de rebelión en contra de su voluntad.

Repetidamente los Evangelios declaran que Dios envió a su Hijo a salvar y a restituir. Una y otra vez vemos su amor perdonando y amando a los pecadores. Porque no vino a destruir ni a apagar el fuego que estaba a punto de extinguirse. (Referencia a Mateo 12:20)

Dios no hizo una opinión de ti según tus padres te hablaron, ni de acuerdo con lo que las autoridades piensan de ti. Nadie influyó en la opinión que Dios tiene sobre ti. ¿No es confortante saber que el Dios eterno esté trabajando para darte al fin el final que anhelas y esperas?

Para reflexionar:

Determina en tu corazón el fin que esperas y díselo a Dios en oración. La fe no ejecuta las obras en el vacío; sé específico en tu petición.

Mi petición: _____

_____

_____

_____

El buen efecto de repetir la verdad de Dios

...y las repetirás a tus hijos y hablarás de ellas estando en tu casa, y andando por el camino, y al acostarte, y cuando te levantes. (Deuteronomio 6:7 RVR1960)

Repetir en forma audible la verdad de Dios ayuda a comprenderla y a afianzarla en el corazón. Los padres hebreos debían repetir y hablar sobre la ley con sus hijos en cualquier momento del día. Memorizar no sustituía el repetir audible. Se sabe que memorizar sirve para tener conocimiento, pero repetir para la formación de carácter y de convicciones. Los maestros en las escuelas siguen usando la técnica de repetir con sus estudiantes con éxito.

Repetir audiblemente ayuda a internalizar, a comprender y a ampliar el significado de lo que se estudia. Repetir la verdad de Dios logrará en algún momento penetrar el corazón como espada y romper como hace un martillo, los argumentos y la lógica que se opone a Dios. Hasta entonces, la misma verdad que domingo tras domingo has escuchado desde niño, dejará de ser meras palabras. Y lo que parecía sin sentido y aburrido comenzará a ser importante y pertinente.

No tengas en poco escuchar las mismas historias de la Biblia. Poseemos una naturaleza altamente engañosa y rebelde a Dios. La repetición es un persistente martillo que tarde o temprano romperá la piedra que estorba el trabajo de Dios.

Pensamiento:

Siempre que escuches con atención, tu conciencia repite.

Para reflexionar:

Memoriza porciones de la Escritura que tengan significado especial para ti. Es alimento que te acompaña y sustenta.

Imágenes

Y creó Dios al hombre a su imagen, a imagen de Dios lo creó; varón y hembra los creó. (Génesis 1:27 RVR1960)

La única imagen que hay en ti y que no se deteriora con el pasar del tiempo es la de Dios. Es un lazo divino imposible de deshacer y anuncia tu procedencia divina. Una imagen que tiene que ver con lo espiritual, porque procedes de un Dios que es espíritu.

Cuando tienes una imagen (percepción) distorsionada de ti, puedes asumir una de estas actitudes: enaltecerte con orgullo y soberbia, o vivir con una baja estima tan baja hasta el auto desprecio. Ambos conceptos son reales pero falsos. Reales porque es la manera en que te ves y sientes, y falso porque no son la realidad de quien eres.

Cuando te imaginas cómo te ven otros, o cómo te ves sin hacer uso de la información correcta, te creas una imagen engañosa. En rehabilitación se aprende a pensar de sí con cordura, es decir, de forma equilibrada; no eres un demonio pero tampoco eres un dios.

Un ejemplo de pensar de sí con desequilibrio, es pensar que se puede borrar todo el pasado adictivo y colocarse en una desconectada nueva vida, evitando hablar del tema disimulando o minimizando los hechos que todos saben. Actuar así es negarse la oportunidad de continuar el proceso de restauración o de modificación del carácter.

Para pensar de sí mismo con cordura es necesario incluir la verdad de Dios como parte del sistema de creencias. Esto es, que Dios proseguirá su buen trabajo utilizando todas las experiencias vividas, porque todo es parte del material necesario para que se logre un buen producto.

Para reflexionar:

Ve ahora mismo al espejo y da gracias a Dios por su imagen en ti. El deterioro físico no puede borrar tu procedencia ni tu futuro eterno.

Valores

No os hagáis tesoros en la tierra, donde la polilla y el moho corrompen y donde ladrones minan y hurtan; sino haceos tesoros en el cielo, porque donde esté vuestro tesoro allí estará también vuestro corazón. (Mateo 6:19-21 RVR1995)

Cuando conviertes en tesoros a personas, a objetos o cualquier otra cosa terrenal, demuestras que tienes dificultad con otorgar valores. Un valor se cimienta en los significados. Por ejemplo, un álbum de fotografías de familia, el primer carro o casa que compraste, una colección de sellos o de monedas, una persona, tu religión familiar, una costumbre o un hábito; pueden ser cosas que encierran una historia con un significado que valoras.

Algunos valores se levantan como ídolos y hacen una barrera entre tú y Dios y ello te convierte en idólatra. Los significados y los valores están contaminados con los prejuicios, la cultura, los hábitos, las enseñanzas, las tradiciones, los gustos personales y hasta caprichos. En este mundo, absolutamente todo posee un valor transitorio. Dios estableció en su Palabra códigos que significan valores correctos.

Ya Él ha dicho cuál es la escala y la medida para comprobar valores: si el objeto de tu valor le puede dar polilla, morir, llenarse de moho, o puede ser hurtado; no califica para ser un tesoro. El cielo es el único lugar seguro donde atesorar. Caminar por la vida con sano juicio da la oportunidad de hacer tesoros en el cielo y de inspirar a otros a hacerlo.

Pensamiento:

Podrías participar de muchas cosas valiosas sin perder de vista al Señor Jesús, el tesoro más preciado.

Para reflexionar:

Medita en cinco cosas que califican para ser un valor transitorio y cinco que pueden significar valores eternos.

Solo Dios

¿A quién tengo yo en los cielos sino a ti? Y fuera de ti nada deseo en la tierra. (Salmos 73:25 RVR1960)

El autor de este escrito debe haber participado de los más ardientes y caros deseos porque era un rey. Debe haber vivido, además, la experiencia de buscar a Dios en tiempo de crisis porque era su siervo. Este salmo muestra a un hombre que aprendió a encontrar en Dios su mayor satisfacción, su fuente de fuerza, su esperanza y su deseo.

Expresar que se desea a Dios sobre todas las cosas, es porque se conoce la diferencia y beneficios entre ese deseo y el de los otros. Un hombre común suele desear cosas buenas, como la justicia, la misericordia, el bien de la familia, vivir en libertad y en sano juicio. Sin embargo, tener a Dios como el más importante deseo del corazón dará a todos los demás deseos la importancia correcta.

Para el salmista, Dios era más deseable que su reino, que sus riquezas, su gloria y sus placeres. Descubrió que la compañía de Dios le satisfacía y le llenaba más que nadie ni nada en la tierra. Se dio cuenta que es imposible estar enamorado o amar a dos personas con la misma intensidad, porque siempre se preferirá a uno sobre el otro. Sobre esos y muchos otros sanos deseos, el deseo por Dios puede ser mayor, y cuando es así, los otros deseos son satisfechos de una manera saludable.

Pensamiento:

En la medida que nos sentimos amados por Dios, el deseo de estar con Él aumenta.

Para reflexionar:

Escribe tres cosas que puedes hacer y que ayudan a estar cerca de Dios.

1. _____
2. _____
3. _____

Inteligencia espiritual

...y de pedir que seáis llenos del conocimiento de su voluntad en toda sabiduría e inteligencia espiritual... (Colosenses 1:9b RVR1960)

Eres un ser inteligente. Si alguien te dijo que eras bruto o te llamó con menosprecio de alguna otra forma parecida, se equivocó. Posees una inteligencia muy específica que se especializa en un área particular de la vida. Ciertamente, heredaste algo de tus padres, pero Dios te dio lo tuyo. Esa es la inteligencia natural que se alimenta del razonamiento y el conocimiento.

Adicional a esa maravillosa capacidad, existe otra inteligencia que se conoce como inteligencia espiritual. Esa es la clase de inteligencia que permite al ser humano trascender, conocer a Dios y su voluntad y vivir en armonía consigo y con el prójimo. Procede del pensamiento de Dios y es un regalo de su gracia. Útil para discernir el engaño y encontrar una salida a las situaciones de conflicto. Además de ser el vehículo mediante el cual la espiritualidad se expresa, es capaz de ver también un propósito noble y de bien a las crisis.

La Biblia es la mejor fuente de sabiduría y conocimiento para adquirir inteligencia espiritual.

Pensamiento:

Frente a la astucia del enemigo Satanás, se necesita la inteligencia y la sabiduría espiritual que procede de Dios.

Para reflexionar:

Medita en tres situaciones de crisis en que la inteligencia espiritual puede servir a superar con bien.

1._____

2._____

3._____

Dios es amor

...porque Dios es amor. (1 Juan 4:8b RVR1960)

Dios es amor:

Es la frase que mejor explica su naturaleza.

Es la declaración más exacta que explica una palabra.

No dice que está lleno o que tiene amor, Él es.

Todas sus obras están enmarcadas en amor.

Nada en el exterior lo motiva, ni en su interior lo empuja; porque Él es.

Colocó en el ser humano la capacidad de amar sin medidas y participar de una variedad de clases de amores en el curso de su vida.

El aliento de Dios, su fragancia, los sonidos y el susurro de su voz están enmarcados en amor.

Lo que Él es y ha sido eternamente, no variará en lo imperceptible y tenue de una sombra, ni en lo extraordinario que sería que el cielo y la tierra desaparecieran.

Pensamiento:

Su amor no variará, ni cambiará, ni dejará de ser.

Para reflexionar:

Escribe tres evidencias del amor de Dios por ti.

1._____

2._____

3._____

Conversemos sobre espiritualidad, rehabilitación y fe cristiana

Cómo trabaja Dios

Como tú no sabes cuál es el camino del viento, o cómo crecen los huesos en el vientre de la mujer en cinta, así ignoras la obra de Dios, el cual hace todas las cosas. (Eclesiastés 11:5 RVR1960)

Los científicos han identificado las corrientes de aire que circulan el planeta. Les han asignado nombres, pero ignoran el por qué adquieren en momentos dados tanto poder destructivo. Otro gran misterio para la ciencia es el relacionado al cómo se distribuyen los huesos de un feto adecuadamente de la mujer en cinta. Y para la Iglesia es un misterio saber cómo es cambiado un corazón duro en uno capaz de perdonar y amar.

Dios guarda silencio cuando se le pregunta acerca del cómo y por qué ocurren algunas cosas, a las cuales nos gustaría tener explicaciones. Él hace todas las cosas y guarda silencio porque está trabajando. Lo que está realizando es tan importante que debe concentrar su atención en silencio. Dios terminará lo que comenzó; es un buen trabajador. No perderá tiempo en explicaciones acerca del cómo y por qué hace su trabajo. Es su plan de trabajo que ejecuta a tiempo y logra resultados permanentes y eternos.

Dios sigue trabajando en silencio cuando sus hijos se quejan y se niegan a cooperar. Él sabe la incomodidad que significa la espera. Dios sigue trabajando en silencio en espera de que le sea entregado en ofrenda lo que mayormente facilita o estorba su trabajo, la voluntad.

El Señor Jesús es el mejor ejemplo, mientras oraba en el huerto de Getsemaní, de lo que significa entregar la voluntad al Padre:

Padre, si quieres pasa de mi esta copa; pero no se haga mi voluntad, sino la tuya. (Lucas 22:42 RVR1960)

Para reflexionar:

Aun cuando te alejas, Dios sigue trabajando.

Dios dice: Estoy contigo

...y he aquí yo estoy con vosotros todos los días, hasta el fin del mundo. Amén. (Mateo 28:20b RVR1960)

Caminar por la vida solo no es fácil. Andar solo, sintiéndose aislado y en soledad, es algo muy difícil. Quien se siente solo puede estar rodeado de gente y seguir sintiéndose así. Acompañado, y viéndose como el único habitante en una isla remota. Un ánimo así mantiene los canales que conectan al exterior en baja o apagados.

Parte del problema que provoca una crisis de soledad, son las maneras equivocadas de resolver conflictos de relaciones. Cuando los conflictos de relaciones no se resuelven adecuadamente aparece la culpa, el rechazo hacia sí mismo y hacia los demás. Si no te comunicas correctamente con tu prójimo, la relación con Dios se afecta y se abre una puerta al sentimiento de soledad. Al momento de resolver conflictos hay que considerar palabras como perdón, tolerancia, saber escuchar, olvidar, y, sobre todo, el amor que cubre multitud de faltas. Establecer una relación con Dios ayuda a mejorar y a reparar conflictos de relaciones.

Cuando Dios dice estoy contigo, significa que su presencia es una realidad más allá de lo posible de imaginar o entender. Que su presencia no tiene que ver con estados de ánimo y relaciones fallidas. Por lo que no hay que poner tanta atención a los lastimeros gemidos del sentimiento de soledad. Porque el sentido de soledad no es más fuerte que su presencia.

Pensamiento:

Dios no se alejó, es que tú le sigues de lejos.

Para reflexionar:

Si es posible, en cuanto dependa de vosotros, estad en paz con todos los hombres. (Romanos 12:18 RVR1960)

Bajo sus alas

Con sus plumas te cubrirá, y debajo de sus alas estarás seguro... (Salmos 91:4a RVR1960)

¿Podrías imaginarte el sentido de seguridad y de cálida atmósfera que se experimenta bajo unas alas? La posición abierta de las alas es una amorosa invitación al refugio y al descanso. Un pollito rezagado bajo una lluvia torrencial desea estar bajo el amparo de las alas de su madre.

En el mal tiempo de una adicción activa, solemos buscar lugares y la compañía de personas que no ayudan a sentirnos protegidos y seguros. Los lugares que frecuentamos son escondrijos inseguros. Allí se está en compañía de personas dudosas que no suplen el calor y el amoroso contacto que buscamos. La verdadera seguridad puede hallarse entre gente positiva y si son creyentes mucho mejor.

Bajo las grandes y cálidas alas de mamá gallina, el polluelo deja de experimentar angustia. Ha hallado el más confortable lugar y lo disfruta en silencio. Deja de temblar con frío porque encontró su más adecuado refugio.

En el mundo espiritual Dios es nuestro refugio. Bajo sus cálidos y enormes brazos extendidos como alas, hallamos socorro y la oportunidad de restaurar la vida. De allí se puede entrar o alejarse voluntariamente. Permanecer al amparo, el calor y la compañía de Dios, impedirá que seas dañado. Quien te persiga, primero ha de ir por quien te guarda.

Pensamiento:

Bajo el amparo de Dios estás seguro.

Para reflexionar:

¿Qué cosas hace la gente para proveerse un sentido de seguridad? ¿Piensas que lo logran?

Algo más:_____

_____

Dios es mi ayudador

Jehová está conmigo entre los que me ayudan… (Salmos 118:7a RVR1960)

Nadie comienza el proceso de rehabilitación o restauración por sí mismo o solo. Siempre hay la presencia de una (un) esposa(o), un hijo, un sobrino, un vecino, un pastor; que alientan a tomar la decisión. Lo cierto es que nadie se hace a sí mismo y que somos seres sociales que nos ayudamos unos a otros. Si fuera a hacerse una lista de la gente buena que ayudan sería larga, sin contar, claro, con aquellos que lo hacen de forma anónima.

Y entre los que ayudan está Dios, que no cesa de trabajar (referencia a Juan 5:17) por sus hijos, aunque estos no lo agradezcan ni se den por enterados. Y envió la ayuda más grande cuando envió a Jesús a librar mediante su sangre, el pecado que los mantenía muertos espiritualmente. Envió también al Espíritu Santo para que viviera dentro de ellos para que les consolara y les guiara.

Todo el mundo, sean buenos o malos, participa de beneficios como el sol y la lluvia (ref. a Mateo 5:45), pero la ayuda personal es para los hijos agradecidos con el trabajo de ayuda que reciben de Dios. Es una ayuda que ofrece por amor y de gracia para lograr un bien. Por eso necesitamos ser agradecidos con todo aquel que ofrezca ayudarnos, especialmente si se trata del Ser Supremo quien tiene el poder para devolvernos el sano juicio.

Pensamiento:

Dios es magnífico recurso de ayuda.

Escribe una oración expresando a Dios tu deseo de recibir su ayuda:

_____
_____
_____
_____
_____

Jesús, único Salvador

Y en ningún otro hay salvación; porque no hay otro nombre bajo el cielo, dado a los hombres, en que podamos ser salvos. (Hechos 4:12 RVR1960)

En la lista de personas que han ayudado hay gente buena que han trabajado hasta el sacrificio, tratando de ahorrarte dolores y problemas. Existe otro grupo —más reducido— que, saltando los límites de una sana relación, actuaron como salvadores. Colocaron sus vidas y no su servicio para tratar de impedir que te autodestruyeras. Ellos también son parte de tu adicción y han enfermado.

Ellos caminan por tu mismo oscuro y angosto camino. Su baja estima personal es ahora vista como un sentido de protectorado. Poseen un falso sentido de responsabilidad con relación a tu recuperación. Lo cierto es que son un estorbo y no una ayuda. Temen soltarte, por lo que tú debes dar el primer paso.

Pide perdón a ellos por haberlos afectado y agradece el tiempo que invirtieron en ti. Determina en tu corazón en manos de quién estás y quién continuará siendo tu salvador. Es un trabajo que no puede ser compartido ni consultado. Necesitarás de un salvador que te acompañe cada instante; ¿quién mejor sino el Señor Jesús?

Pensamiento:

Podrás tener sinfín de ayudas, pero un solo salvador.

Para reflexionar:

Identifica las personas que están actuando como salvadores.

_____

_____

Decisión:_____

_____

Dios llena toda la tierra

¿Se ocultará alguno, dice Jehová, en escondrijos que yo no lo vea? ¿No lleno yo, dice Jehová, el cielo y la tierra? (Jeremías 23:24 RVR1960)

La creación es un libro abierto, ilustrado, de ingeniería y arte. Y la Biblia, la Palabra de Dios, es una expresión de su pensamiento. En ella se describe el trono de Dios, aunque su presencia está *desparramada* por toda la tierra. Su presencia sigilosa y continua guarda cada centímetro de tierra, de agua y aire, de esta, su creación. Dios es el gran Espíritu en cuyas manos están todos los demás.

Dios es también el científico con más patentes en su haber. Su creación ofrece una idea de su carácter en detalles como la variedad de colores, los olores, las formas, los sonidos, las estaciones, los balances y el milagro del crecimiento. En la creación se puede observar, además, detalles de buen humor en los sonidos que algunos animales emiten, sus costumbres, los movimientos y hasta el aspecto de algunos de ellos.

Dios llena la tierra como el aire en una minúscula burbuja. Está accesible, sin importar el tipo de clima, la temperatura o la estación. Dios es una fuerza que levanta, que sostiene y acompaña donde estés. Es una fuerza que se traduce en poder, el poder que genera su verdad. Tratar de esconderse de Dios es igual que negar la luz solar cuando estás a la sombra de un árbol.

Pensamiento:

El más preciado lugar que Dios desea llenar es tu corazón.

Conversemos sobre espiritualidad, rehabilitación y fe cristiana

Para reflexionar:

Dibuja el rostro de Dios como mejor te imaginas que Él te ve.

Ojos cerrados (no te ve)	Ojos acusadores
Dientes grandes (tiene coraje)	Sin orejas (no oye)
Sonriente (está complacido)	Círculo vacío (no existe)
Indiferente (no le importas)	Ojos tristes

Si dibujaste un rostro negativo de Dios debes expresarle en oración el porqué de tu disgusto.

Pastor y guía

Mis ovejas oyen mi voz, y yo las conozco, y me siguen. (Juan 10:27 RVR1960)

Todo ser humano es un seguidor en busca de un líder, un guía y un modelo. Hay quienes eligen a deportistas, otros a políticos, a artistas y otros incluso a delincuentes famosos. Hay otro grupo que ha decidido ser la voz de su conciencia. Ellos mismos son su personal consejero por lo que escuchan a nadie.

Quien ama a Jesús procura oírle y seguirle. Él es el Buen Pastor que guía a sus ovejas. El que le sigue, aprende a identificar sus palabras, y lo más importante, su voz. Un extraño puede imitar las palabras, pero no igualar el tono y el color de la voz. La voz no solo emite palabras; transmite sentimientos, compañía, aceptación y confianza. Inclusive, el silencio puede ser un medio de comunicar lo que las palabras no alcanzan a expresar. El silencio de Dios puede significar al menos dos cosas: lo estás haciendo bien o que está probando la fe; nunca rechazo.

Jesús, el Buen Pastor, sale a buscar las ovejas perdidas. Las busca porque las conoce por su nombre y no quiere que mueran. Un discípulo es alguien que aprende y del cual se espera que tenga el carácter dócil de una oveja.

Pensamiento:

Quien no se deja guiar por su hermano a quien puede ver, le será difícil aceptar a Dios como guía a quien no puede ver.

Trabajando los secretos

Más tú, cuando ores, entra en tu aposento, y cerrada la puerta, ora a tu Padre que está en secreto; y tu Padre que ve en lo secreto te recompensará en público. (Mateo 6:6 RVR1960)

La oración es el momento más íntimo en la relación con el Padre. El acto de cerrar la puerta de nuestro aposento implica que nos preparamos para tener una conversación privada. Y en privado y en intimidad hablamos en confianza cosas íntimas y privadas, como los secretos.

El problema de seguir guardando un secreto es que provoca temor y ansiedad. Otro de sus inconvenientes es que hay que hacer uso de la mentira en algún momento para conservarlo. También los secretos, a diferencia del concepto de vida privada, hacen que se siga viviendo en el reino de las tinieblas.

Dios acompaña a sus hijos en la intimad del aposento secreto como una oportunidad, y para la ocasión de escuchar sus necesidades, incluyendo las cargas del pasado. Exponerse ante Él con palabras sencillas y humildes lo que duele, es empezar a descubrirse y a reencontrarse con lo íntimo del ser.

La cámara secreta es el lugar donde los secretos comienzan a ver la luz. Probablemente al oírse a sí mismo expresar la información que se considera terrible, esta pierde fuerza. La fuerza desactivada de un secreto es comparable al arma que pierde su pólvora. Un secreto sin poder explosivo tiene menos poder estresante, lo cual permitirá pensar y decidir sobre el asunto con claridad.

Para reflexionar:

La vida del que guarda un secreto se desarrolla en forma de embudo; comienza por lo ancho y luego se achica hasta quedar atrapado en temor, ansiedad y vergüenza que no terminan.

Pregunta para reflexionar:

¿Crees que un secreto alienta una adicción?

Sé sabio

El principio de la sabiduría es el temor de Jehová; los insensatos desprecian la sabiduría y la enseñanza. (Proverbios 1:7 RVR1960)

Y si alguno de vosotros tiene falta de sabiduría, pídala a Dios, el cual da a todos abundantemente y sin reproche, y le será dada. (Santiago 1:5 RVR1960)

¡Sé sabio, adquiere sabiduría! No basta con ser inteligente para recorrer el camino de la vida. La inteligencia es la capacidad de razonamiento y de memoria, mientras que la sabiduría ayuda a la resolución de conflictos.

El libro de Proverbios llama insensato o tonto a quien no es sabio. La sabiduría es una escuela donde se va adelantando grados o escalones, y el temor de Dios es el primero de ellos. Temor de Dios no significa miedo, sino respeto reverente a su autoridad y a su poder sobre la vida y el futuro. Esta relación de respeto es como la de un hijo que acepta el consejo de su padre.

Reflexiona sobre tus experiencias y las decisiones que has tomado en tu vida. ¿En cuántas de ellas actuaste con sabiduría? Lo mínimo que se debe aprender de las malas decisiones es a no repetirlas; y eso es sabiduría. La insensatez del adulto que no aprende de sus tropiezos y sus caídas, se parece a la tontería de los niños que insisten en conductas de riesgo a pesar de las advertencias. Inclina tu corazón a aprender sabiduría porque ya tienes inteligencia.

Pensamiento:

Ser sabio no se estudia, se adquiere día a día en la práctica de la resolución de conflictos.

Para reflexionar:

Piensa en un conflicto que puede ser resuelto con sabiduría y el mismo conflicto pero sin ella.

Todo cuenta

Todo lo que te viniere a la mano para hacer, hazlo según tus fuerzas; porque en el Seol, adonde vas, no hay obra, ni trabajo, ni ciencia, ni sabiduría. (Eclesiastés 9:10 RVR1960)

El plan de Dios se cumple en la realidad vivencial de cada momento del día; transcurre de manera suave, constante e imperceptible. Todo cuanto esté de frente para hacer y decidir desde el momento de levantarse hasta el de acostarse es importante. Las oportunidades, las responsabilidades y las obligaciones cuentan para algo. Sin nada que comprar ni vender, sin obras ni sacrificios extraordinarios. Lo que venga a la mano para hacer, es estar presente física y emocionalmente para cada persona y circunstancia. Es decir, no a las gestiones cómodas y convenientes para realizar con ánimo y curiosidad, lo que venga a la mano, aunque no sea de total agrado o parezca difícil.

Una actitud de vida positiva en el desempeño de una tarea conecta positivamente con la siguiente; una actitud negativa atrae lo negativo. No hay que olvidar tampoco que las buenas oportunidades llegan casi siempre de formas inesperadas y disfrazadas, generalmente a través de gente desconocida.

Entonces, ¿cómo saber que lo que está de frente es una buena oportunidad? Hay que descubrirlo haciendo lo mismo que el buscador de oro en el río, que persiste lavando miles de piedras hasta que encuentra su tesoro. Porque la medida de nuestra persistencia acorta o alarga la llegada del bien que esperamos recibir.

Pensamiento:

Cuando mueras ya no habrá ciencia, ni trabajo, ni nada que buscar ni nada que hacer.

Para reflexionar:

¿Cuánto tiempo has malgastado esperando lo que te conviene, lo que te gusta, lo fácil, lo gratis?

Corriendo sin pesos innecesarios

...despojémonos de todo peso y del pecado que nos asedia, y corramos con paciencia la carrera que tenemos por delante... (Hebreos 12:1b RVR1960)

Es asombrosa la manera en que se puede permanecer atado o conectado al pasado, arando un terreno que ya fue cultivado. Con situaciones y con gente atadas a la espalda que han muerto, que no nos aman, que no nos respetan, no le importamos, o que se han ido. Como si insistiéramos en jugar al juego de fantasear imaginándonos cómo pudimos haber hecho diferentes las cosas. Consolándonos a nosotros mismos una y otra vez como un acto de auto gratificación de los recuerdos.

Esa gente y esas situaciones siguen moldeando el carácter e influyen negativamente en la manera en que afrontamos el presente. Porque no dejamos ir a esos fantasmas, navegan dentro de nuestro barco haciendo un peso innecesario. Esa gente dentro del barco de nuestra vida alienta el coraje, la frustración, el deseo de venganza, el odio, el orgullo y la autocompasión.

Nadie puede decir no correré más, porque el solo hecho de estar vivo obliga a continuar. El tramo que corriste ayer concluyó, y para hoy habrá uno nuevo. Un nuevo tramo que acercará al supremo propósito o te alejará de la meta. Así que, no te detengas si vez a otros detenerse, ni imites a quien va corriendo demasiado apresurado o compitiendo con otro, como si llegar primero sirviera para ganar la carrera.

Para reflexionar:

Hermanos, yo mismo no pretendo haberlo ya alcanzado; pero una cosa hago; olvidando ciertamente lo que queda atrás, y extendiéndome a lo que está adelante, prosigo a la meta, al premio del supremo llamamiento de Dios en Cristo Jesús. (Filipenses 3:13, 14 RVR1960)

Cisternas que no retienen agua

Porque dos males ha hecho mi pueblo: me dejaron a mí, fuente de agua viva, y cavaron para sí cisternas, cisternas rotas que no retiene agua. (Jeremías 2:13 RVR1960)

Dos males: dejar a Dios, la fuente de agua viva, y procurar encontrar agua por medio de esfuerzos y recursos propios. ¿Qué son las aguas de Dios? El agua viva es la presencia de Dios que contiene todos los nutrientes esenciales para la vida espiritual. Presencia que da gozo, paz, paciencia, amor; que son nutrientes esenciales de los seres vivos.

El esfuerzo personal de encontrar agua viva aparte de Dios es tan inútil como sería el cavar una cisterna que no retiene agua. Y al problema de retención se añade el no saber si al final del esfuerzo se ha obtenido agua muerta, es decir, agua no apta para el consumo debido a los elementos insalubres y contaminados.

Nadie puede decir que en algún momento ha intentado satisfacer su necesidad espiritual aparte de Dios, y que lo haya logrado. Todos los días intentamos resolver situaciones que creemos que Dios no ha visto, o son demasiado pequeñas que optamos por resolver por medios propios. Y al final se nos da la oportunidad de elegir seguir por la vida cavando cisternas hasta el cansancio o de saciar la sed en la presencia de Dios.

Para reflexionar:

El que cree en mí, como dice la Escritura, de su interior correrán ríos de agua viva. (Juan 7:38 RVR1960)

Piensa en tres necesidades legítimas y la forma equivocada de satisfacerlas:

_____

_____

Cada día

No te jactes del día de mañana; porque no sabes que dará de sí el día.
(Proverbios 27:1 RVR1960)

Nadie puede estar cien por ciento seguro de lo que ocurrirá o no sucederá el día de mañana; especialmente cuando se trata de cosas que dependen de la voluntad y el ánimo de otro ser humano. A esto hay que sumar la posibilidad de eventos inesperados que obligan a optar por segundas y terceras opciones. Por tanto, jactarse de lo que ocurrirá mañana es ignorar que las cosas no siempre salen como se desean y se planifican.

Hay quienes se dedican a predecir el futuro; lo cual es también una forma de jactarse del día de mañana. Quienes les siguen, apartan su confianza en Dios que tiene un cuadro completo de la historia y el futuro. Existe también en el mundo de las tinieblas el fenómeno del espíritu de adivinación del cual se hace mención en Hechos 16:16-19. Allí dice que el apóstol Pablo se encontraba de visita en una ciudad llamada Filipo, y una mujer que no lo conocía, se fue tras él dando voces anunciando su apostolado. Él reconoció en ella obras de maldad y echó fuera el espíritu de adivinación.

Una persona que confía en Dios descansa en su cuidado soberano. No tiene temor de malas noticias y sabe que todo lo que ocurra obrará para bien. Jactarse de un día que no se sabe si llegará es una señal de arrogancia e ignorancia; es irrumpir en el futuro derribando puertas sin medir consecuencias. Jactarse de lo que será o no será mañana es empujar la vida a una velocidad autodestructiva.

Para reflexionar:

La actitud de confianza y paciencia en el hoy, ayuda a decidir correctamente sobre el mañana.

Pensamiento:

Haz una pausa para escuchar a Dios.

Sin afán

Así que, no os afanéis por el día de mañana, porque el día de mañana trae su propio afán. Basta a cada día su propio mal. (Mateo 6:34 RVR1960)

El Señor Jesús está haciendo un llamado. Un llamado urgente a dejar el afán y seguir laborando, pero tranquilo. El llamado está dirigido a sus hijos que confunden diligencia con afán y pretenden hacer en un día o un mes lo que no lograron en años.

El afán trae agotamiento. Quien está afanado no piensa con claridad y puede entrar en conflicto con quienes le rodean. El afán no lo provoca otra persona; se impulsa desde sí mismo y es una falla del carácter que aleja de la confianza en Dios.

La experiencia dice que las cosas casi nunca salen como se planifican. Rara vez oímos que un plan salió cien por ciento exacto a la manera en que se ideó. Casi siempre hay que hacer ajustes y cambios menores de última hora. Por eso hay que ser paciente consigo mismo y con el prójimo. El día de mañana llegará y traerá no solo cosas agradables y bonitas, sino también una buena porción de males.

¿No será mejor ocuparse en realizar lo mejor cada día enfocándose en el deber del hoy, practicando el amor al prójimo, la justicia, la misericordia y sirviendo a Dios de corazón? Cada minuto que invierta en el banco del mañana es un descuento en el salario de hoy.

Para reflexionar:

¿Qué emociones negativas pueden resurgir por tratar de alcanzar con afán una meta?

_____

_____

_____

Zarandeo

Dijo también el Señor: Simón, Simón, he aquí Satanás os ha pedido para zarandearos como a trigo; pero yo he rogado por ti, que tu fe no falte; y tú, una vez vuelto, confirma a tus hermanos. (Lucas 22:31, 32 RVR1960)

Haciendo lo correcto, de repente las cosas comienzan a complicarse; como si todo estuviera ahora en contra de ti. Inexplicablemente cada uno de tus planes es frustrado. Tu esperanza, tus sueños, y lo que creías que iba a funcionar o que ya estaba funcionando de repente comienza a fallar. Te sientes como si estuvieras siendo sacudido en tus emociones y hasta tu cuerpo siente la presión, —¿qué hice mal? —te preguntas.

Lo que ocurre es que estás en medio de una lucha espiritual. Has sido pedido para ser zarandeado por huestes de maldad. Te ocurre como a la espiga de trigo que el agricultor sacude para que suelte el grano, y el matojo que sacude el que desyerba para que suelte la tierra pegada a la raíz.

Durante esta sacudida violenta será puesto a prueba tu paciencia, tus creencias, tu nivel de frustración y tu grado de firmeza. En el zarandeo además de probar estas y otras virtudes, es una oportunidad de dejar cargas y pesos que no te corresponden llevar. De dejar cosas inútiles, distracciones, revisar prioridades y verificar lo flojo para afianzarlo; para unirte más al Señor y estrechar lazos más profundos con tus seres queridos.

Ser zarandeado es parte del camino de fe. Cuando eres tentado se prueba un área específica de la vida, pero el zarandeo tiene que ver con una cantidad inusual de circunstancias adversas. El caso del apóstol Pedro es un ejemplo de un tremendo zarandeo ocurrido durante el proceso de la captura, juicio y crucifixión del Señor. Es cierto que le negó, pero lo es también que fue perdonado y que la experiencia le sirvió a alentar a sus hermanos.

La sacudida o zarandeo llega a la vida de todo creyente. Es un momento en que pueden desmoronarse y romperse muchas cosas. Pero lo que no se debe permitir que termine es la fe.

Para reflexionar:

Durante el zarandeo no temas, Él cuida de ti.

Atleta

Y también el que lucha como atleta, no es coronado si no lucha legítimamente. (2 Timoteo 2:5 RVR1960)

La vida es en sí misma una carrera en la cual todos somos corredores y atletas. Es una carrera que comenzó en el momento de nuestra concepción y terminará el día que muramos. En esta carrera corremos por un mejor vivir. Nadie fue consultado acerca de si deseaba estar en ella. Fuimos elegidos por uno que vio que teníamos la capacidad de competir. Cada persona corre en un terreno y en un carril distinto donde demuestra su habilidad, su talento y su fuerza.

¿Cómo se puede correr la carrera de forma ilegítima? ¿Cómo se gana, y cómo se pierde la carrera? Ciertamente existen muchas carreras y muchas metas y todas deben ser corridas de acuerdo a las reglas establecidas. Las reglas de la carrera las establece un experto que corrió correctamente y cruzó la meta. La carrera que toca correr ahora se llama rehabilitación y la meta se llama sano juicio.

Haber perdido o atrasado el paso no descalifica al corredor que desea correr de acuerdo a las reglas. Lo que ocurre es que si se ha estado demasiado tiempo fuera de carrera necesitará el consejo de uno que llegó. Hay que procurar correr, pero sobre todo legítimamente, para ser merecedor del premio. Hay que correr legítimamente sin trucos ni mentiras para obtener un premio bueno y justo. Con Dios y tu entusiasmo legítimo por correr puedes llegar.

Pensamiento:

Cada uno sabe si está en carrera, si está corriendo legítimamente, o si se quitó.

Para reflexionar:

Piensa en conductas que pueden significar estar corriendo ilegítimamente.

Valor personal

He aquí, herencia de Jehová son los hijos; cosa de estima el fruto del vientre. (Salmos 127:3 RVR1960)

Nada que hagas o dejes de hacer cambiará tu valor. Podría variar tu utilidad por causa de tu adicción, pero no tu valor personal. Tienes valor porque eres una heredad, representas a una generación y tienes un destino eterno. Haber nacido fue algo noble, bueno y de estima. Tienes valor a pesar de las circunstancias que rodearon tu nacimiento, de tus defectos de carácter y debilidades.

El apóstol Pablo en Romanos 5:18 enseña que todos nacimos bajo condenación, lo que incluye una herencia de carencias y enfermedades. Hay quienes han heredado tendencias terriblemente fuertes y autodestructivas. Es doloroso ver el sufrimiento de buenas personas que batallan con situaciones médicas y emocionales con el agravante de una adicción.

De las cosas que genéticamente heredamos ciertamente no somos responsables, pero sí lo somos en la manera que lo enfrentamos y lo trabajamos. Cuando los diagnósticos y los tratamientos médicos no alcanzan a llenar el vacío de salud y bienestar, quedará el recurso de la fe, de la disciplina y la espiritualidad (estilo saludable de vida) para sobrellevarlo.

El camino de la fe en Dios es la mejor oportunidad para hacer que la vida tenga significado y estima. Aún tienes la posibilidad de encontrar el sentido a tu vida, la cual es una herencia valiosa y eterna.

Si te preguntas a ti mismo sobre tu valor, posiblemente te ubicarás muy abajo o demasiado por encima de lo real. Si permites a Satanás que dicte tu valor, será un valor engañoso, contradictorio y falso. Si le preguntas a Dios obtendrás una respuesta verdadera, adecuada y balanceada.

Pensamiento:

El valor personal no se hereda, no se aprende en los libros ni tampoco se regala. Tener conciencia de ello es un descubrimiento personal a los pies de quien nos diseñó y creó.

Árbol prohibido

...De todo árbol del huerto podrás comer; mas del árbol de la ciencia del bien y del mal no comerás; porque el día que de él comieres, ciertamente morirás. (Génesis 2:16b, 17 RVR1960)

El mundo es un inmenso huerto del cual podemos gustar y disfrutar. Todo está al alcance y dispuesto para nuestro uso y deleite. En el huerto que Dios plantó para Adán y Eva, colocó un árbol que significaba obediencia y del cual siguen existiendo copias. Era el árbol que representaba los límites que no debían traspasar. Les advirtió acerca de las consecuencias de desobedecerlo y de todos modos intentaron saber más que Dios.

El fruto de ese árbol siempre es apetitoso, atractivo, fácil y con aspecto inofensivo. Plantado en todo lugar que signifique una oportunidad de hacer las cosas aparte de Dios. No comer de él, permitirá seguir siendo un hombre libre que puede elegir y hacer decisiones. Se trata de leyes espirituales que establecen límites correctos, a diferencia de la libertad del mundo que enseña que la libertad es hacer lo que se quiere y lo que gusta.

Comer del árbol de la desobediencia atrae consecuencias como la muerte espiritual, que es la separación de Dios. Además de verse nuevamente desnudo y avergonzado (referencia a Génesis 3:10), sin deseos de estar cerca de Él. Como en el caso de aquel primer árbol, no es aceptable decir a Dios que fue por ignorancia y menos echar la culpa a otro.

Pensamiento:

Cuando se trata de lo prohibido es mejor no acercarse, no tocar y no pensar si quiera en cómo sería si...

Pregunta de reflexión:

¿Piensas que puedes tocar lo prohibido y estar seguro de no caer? Explica.

_____

_____

_____

Falsa firmeza

Así que, el que piensa estar firme, mire que no caiga. (1 Corintios 10:12 RVR1960)

El número de días o de años fuera de una adicción activa no es garantía de firmeza al enfrentar un nuevo día. El tiempo pasado en sano juicio únicamente confirma que las cosas que has estado haciendo en rehabilitación han funcionado. Es una experiencia que merece ser contada y que al hablar de ella podrían aflorar emociones para bien o para retroceso. Hay personas que relatando su testimonio de vida, hacen revivir emociones negativas de regresión en ellos como en los que escuchan.

Generalmente a la gente le gusta oír historias donde se destaca lo peligroso, el morbo y lo atrevido. El fruto de esas historias es que dejan en la persona como en el que escucha dos clases de sabores amargos: soberbia o el de un ser digno de conmiseración. Se trata de un lenguaje tóxico en el que se establecen conceptos de firmeza equivocados.

Un testimonio de vida sobre rehabilitación debe basarse más en lo que el oyente necesita y no en lo que quiere escuchar. Una historia de vida bien contada siempre es interesante. Pero más importante es que el oyente escuche sobre la obra de Dios y de la esperanza de que Él terminará lo que comenzó, sin necesidad de que sepan lo terrible o lo débil que fuiste.

Creerse estar firme es:
- Escuchar la propia voz y consejo.
- Una falsa percepción de la realidad.
- Dejar de amarse.
- Anteponer la sabiduría propia a la de Dios.
- Confianza en sí mismo exagerada.
- Una forma de estar desconectado.
- Debilidad e ignorancia.

Pensamiento:
El asunto de la firmeza es más un asunto de sanas relaciones que de tiempo.

Pregunta para reflexionar:
¿Qué cosas estás haciendo que te ayudan a estar firme?

Olvidar y proseguir

Hermanos, yo mismo no pretendo haberlo ya alcanzado; pero una cosa hago: olvidando ciertamente lo que queda atrás, y extendiéndome a lo que está delante, prosigo a la meta, al premio del supremo llamamiento..." (Filipenses 3:13, 14a RVR1960)

No siempre las cosas que hay que olvidar son cosas negativas. Hay experiencias que no son buenas ni malas; sencillamente no tienen importancia en el hoy. ¿Te imaginas seguir rememorando los juguetes favoritos con los que jugabas y las experiencias en las salas de los pediatras? Quedarse estacionado en cualquier etapa de la vida estorba para avanzar a la siguiente.

Una razón por la que nos resistimos a olvidar es el empeño de hacer enmiendas y arreglos imaginarios al pasado. No nos damos cuenta de que el pasado no se puede arreglar, cambiar, ni añadir detalles; es un libro terminado. Por lo que hay que olvidar, y una manera de lograrlo es por medio del perdón ofrecido a sí mismo y a quienes nos afectaron negativamente. El perdón es la oportunidad de comenzar a escribir una nueva página en el libro de la vida.

Haz una lista de eventos que deseas olvidar y entrégalas a Dios en oración mientras las lees en voz alta cada día; te asombrarás cómo la distancia entre esas cosas y tú va siendo mayor.

Y olvidarás tu miseria... como aguas que pasaron. (Job 11:16 RVR1960)

Eventualmente desaparecerán de tu presente inmediato y solamente las recordarás cuando necesites o desees hacerlo. El apóstol olvidaba su pasado caminando hacia una meta y un propósito; ¿cómo aplicarías este principio a tu experiencia?

Para reflexionar:

La gente básicamente se sana en dos formas: obteniendo la información correcta y con el acto de olvidar; que no es otra cosa que darle la importancia correcta a las cosas, o sea, no tanta importancia.

Depreciado

Una es la gloria del sol, otra la gloria de la luna, y otra la gloria de las estrellas, pues una estrella es diferente de otra en gloria. (1 Corintios 15:41 RVR1960)

Llegará el día en que coincidas en un evento social o de tu iglesia con uno(a) que ha hecho una mejor inversión de su tiempo y sus oportunidades. Será un retrato de lo que pudiste hacer y la realidad del estrago causado por tu falta de juicio. No puedes evitar sentirte depreciado hasta la desvalorización. El resplandor de quien ha hecho lo correcto hace sombra sobre ti, y eso es sin duda una situación muy incómoda.

Lo que ocurre es que no brillas igual; tu luz es diferente. Tu amigo brilla en una dirección y en un territorio distinto al tuyo. Tienes una luz que solo pueden ver y entender quienes han vivido tus experiencias. No se trata de quién brilla o alumbra más sino el propósito para el cual la luz es requerida. Por ejemplo, la luz de una torre de control será apreciada por un piloto que procura orientarse en una tormenta, como el campesino aprecia la luz de un candil en su pequeña choza.

Porque las luces no se valoran por su intensidad, sino por su utilidad y su ubicación. Eres como los astros a quien Dios dio a cada uno una gloria y una luz diferente. Ningún astro es más importante que otro, todos forman parte del conjunto estelar; creados, sostenidos y cumpliendo aquello para lo cual fueron creados. Por eso no ceses de utilizar tus capacidades, tus dones y talentos. Mantente al alcance de la luz de Dios que hace brillar a todos, igual que el sol hace con la luna y los planetas que no tienen luz propia.

Pensamiento:

Posees una gloria y una luz diferente.

Para reflexionar:

Piensa en las maneras en que estás brillando o que podrías hacerlo.

Conciencia cauterizada

El Espíritu dice claramente que en los últimos tiempos, algunos abandonarán la fe para seguir a inspiraciones engañosas y doctrinas diabólicas. Tales enseñanzas provienen de embusteros hipócritas, que tienen la conciencia encallecida [cauterizada]. (1 Timoteo 4:1, 2 NVI)

El término conciencia encallecida o cauterizada se aplica al estado de no respuesta de la conciencia. Esto es, que la conciencia dejó de realizar su función. Su voz y su trabajo de consejera y amiga cesaron. No se ha ido de la persona, pero es un sistema de orientación muerto; dejó de avisar, de aconsejar y de alertar el peligro. Ha ocurrido como cuando un tejido blando cicatriza y destruye los terminales nerviosos que transportan la sensibilidad. La persona con una conciencia inoperante es como un barco sin rumbo porque su sistema de navegación se atrofió. Es una plomada que ayudaba a mantener los pesos y balances adecuados en una construcción y que ya no cumple su función.

Cuando se deja de oír a la familia, se desafía la ley y se tiene en poco la Palabra de Dios, probablemente hay un problema de conciencia cauterizada. El momento en que las razones de la conciencia no son escuchadas y se fundamenta la vida en el temor a ser sorprendido. Debe ser motivo de preocupación que la conciencia pierda su sensibilidad y su capacidad de orientar, y sean ignorados inclusive sus avisos que alertan a ser sorprendido.

Para reflexionar:

Medita en algunas maneras en que la voz de tu conciencia te ha guiado y las veces que Dios te ha hablado para preservarte del peligro.

No consientas

Hijo mío, si los pecadores te quisieren engañar, no consientas. (Proverbios 1:10 RVR1960)

Siempre que estés ocupado en hacer lo correcto, no faltará quién procure engañarte. Sorpresivamente comenzarán a darse encuentros inesperados, recibirás llamadas telefónicas de viejos amigos y la oportunidad de un vehículo no faltará. Estás en medio de un fuego cruzado de oportunidades con relación al tiempo/momento y de personas que tienen influencia sobre ti. Son pecadores sin respeto ni temor a pecar, lo cual es parte del engaño. Ante esto, no debes sentirte sorprendido ni llenarte de ansiedad y temor. Estás bajo el acecho de un poderoso enemigo cuya arma en el mundo espiritual se le conoce como engaño.

Una mentira siempre será más fácil de identificar que el engaño. La mentira es una información falsa, mientras que el engaño se relaciona a la sutileza con que los sentidos son atrapados. El engañador se parece al pescador que utiliza anzuelo y carnada para capturar; tiene una agenda y su astucia le ayuda a ver en los ojos de su víctima su ambigüedad y su crisis.

El mundo está lleno de engañadores. De ellos no se puede huir ni esconderse. Una cosa sí puede hacerse, y es reafirmar la mente en las bondades y beneficios de estar en sano juicio.

Pensamiento:

El acto de no consentir podría demandar un fuerte trabajo emocional en que la mejor defensa es huir del lugar.

Para reflexionar:

Quien se acerca a ti con un plan es porque ha visto la crisis en tu rostro.

El cristiano águila

Soy águila y poseo un área de vuelo.

Mi territorio es mi hogar donde me siento protegido de mis enemigos.

Donde mi visión se agudiza y se amplía, y tengo mayor posibilidad de sobrevivir durante el mal tiempo.

Donde conozco las áreas de riesgo y de peligro y encuentro alimento no contaminado.

Es el lugar que defiendo.

Donde mis necesidades son suplidas y mis ojos pueden ver de frente al sol; Cristo.

Mi territorio es mi saludable espacio vital.

El área que me rodea cual escudo mi fe y donde más seguro me encuentro.

Es el lugar donde con más seguridad mi familia puede crecer.

Donde puedo saber cuándo el viento está soplando a favor y cuándo en contra mía.

Así es mi territorio de vuelo; el lugar donde puedo renovarme; donde crezco y maduro.

Donde muevo alegremente mis alas y enseño a mis hijos la magnífica experiencia de ser águila.

Mi territorio de vuelo: una ciudad de refugio, mi cámara secreta, mi área de crecimiento y desde donde mejor puedo ver a Dios.

Oración:

Señor, dame sabiduría para reconocer las áreas de riesgo a las que no debo acercarme, satisfacción en el territorio de vida que elegiste para mí, y que no pierda mi confianza y mi valor para enfrentar el mal tiempo.

Golpeando la adicción

Hagan, pues, morir todo lo que hay de terrenal en ustedes; que nadie cometa inmoralidades sexuales, ni haga cosas impuras, ni siga sus pasiones y malos deseos, ni se deje llevar por la avaricia (que es una forma de idolatría). (Colosenses 3:5 DHH)

¿Cómo has planeado recuperarte de tu adicción? ¿Acaso has considerado ir reduciendo la frecuencia y convertir la última porción en el fin de ella? Reducir la frecuencia no elimina la dependencia. Ni tampoco existe un medicamento ni truco mental que elimine o reduzca los impulsos. Si así fuera mucha más gente estuviera afuera de sus adicciones. Los impulsos que son provocados por problemas neurológicos se medican, los otros, son fallas de carácter.

Hacer arreglos o convenios con una adicción, es decidir el largo de la cadena que mantiene cautivo y con cuánta libertad se desea vivir. Es declarar que es más fuerte, por lo que no hay otra opción que hacer pacto con alguien que de antemano se sabe que no cumple.

Hacer morir una adicción activa es: golpearla con información correcta acerca de las formas de salir de ella, asistir a los grupos de apoyo y hablar con esperanza sobre el futuro. Es decirle cuantas veces sea posible que no la quieres. Que es una intrusa, que no naciste con ella y no piensas morir bajo su control. El mensaje enviado a ti, firme y claro, puede abrir un camino en el laberinto de justificaciones que acompaña a una adicción. Porque muchas veces el motivo real de seguir en una adicción se contesta mejor con un no quiero que con un no puedo.

Para reflexionar:

En tanto no haya pactos secretos con una adicción, la voluntad se va fortaleciendo para decidir correctamente.

Escribe un ejemplo de un pacto secreto: _____

Pensamiento:

Y aquél que es poderoso para guardaros sin caída, y presentaros sin mancha delante de su gloria con gran alegría..." (Judas 24a RVR1960)

Siete veces

Porque siete veces cae el justo y vuelve a levantarse... (Proverbios 24:16a RVR1960)

En el proceso de rehabilitación hay quienes superan la crisis que precipitó su adicción en un tiempo relativamente corto. En cambio otros necesitan más tiempo para identificar y superar las luchas interiores que les agobian. Nos referimos a temores, corajes, estilos de vida, creencias equivocadas y a asuntos sin resolver.

La historia de la salida del pueblo de Israel de manos del faraón egipcio, relatado en el libro de Éxodo, ilustra el dilema. Era un pueblo que deseaba la libertad, pero tenía serios problemas teniendo la suficiente humildad de dejarse guiar. Al llegar la crisis se desanimaban haciéndose más incrédulos y desafiantes. Desafiaban con murmuraciones y quejas la autoridad delegada en Moisés.

Las múltiples manifestaciones del poder de Dios y su fidelidad para proveerles cuidado, agua y alimento en el desierto no fue suficiente. Una y otra vez caían en los mismos errores y Dios los perdonaba. Pero el tiempo no se detuvo y el viaje que pudo haber terminado en dos meses demoró 40 años.

Se puede aprender las lecciones de vida en la misma forma que los niños en la escuela aprenden: pasando de grado con buenas notas, repitiendo o con ayudas. Siete veces es un número representativo del tiempo indeterminado que alguien necesita para aprender a caminar en libertad. Que caiga el justo (creyente) no significa que dejó de serlo o que es malo, es que está aprendiendo a caminar.

Pensamiento:

El justo vuelve a levantarse siempre y cuando quiera hacerlo.

Pregunta para reflexionar:

¿Alguna vez Dios te ha negado su mano de ayuda para levantarte? ¿Puedes compartir lo que ocurrió?

Cristiano de segunda clase

...envidias, homicidios, borracheras, orgías, y cosas semejantes a estas; acerca de las cuales os amonesto, como ya os lo he dicho antes, que los que practican tales cosas no heredarán el reino de Dios. (Gálatas 5:21 RVR1960)

Se trata de una pequeña muestra de pecados que alejan de la presencia de Dios. Al verlos, llama la atención aquellos pecados considerados terribles como el homicidio y otros menos visibles como la envidia. Aparentemente Dios no tiene un catálogo para establecer categorías de pecados; ni tiene una escala en la que calibra su peso o una carta de colores para determinar su tonalidad. El ser humano sí lo hace tomando en cuenta las consecuencias. Hay consecuencias de pecados y violaciones a las leyes que conllevan problemas muy serios.

La manera en que un padre brega con las faltas de sus hijos puede servirnos a entender el amor de Dios. Por ejemplo, un padre cuyo hijo haya cometido una falta grave, ¿lo rechazaría sin darle la oportunidad de arrepentirse? — no lo haría —. Igualmente hace Dios con sus hijos. Los brazos extendidos del Señor en la cruz pueden acoger a un ladrón arrepentido como a un discípulo que negó haberle conocido.

No existen cristianos de segunda o de tercera clase por el pecado por el cual se les acusa. En el reino de Dios solo existe una categoría de gente: hijos amados cuyos pecados son perdonados por su gracia y su gran amor.

Pensamiento:

Dios nos ve y nos ama de igual manera y con la misma intensidad que a aquellos que consideras menos pecadores.

Escribe una oración de arrepentimiento de tus pecados.

_____

_____

_____

Sin calmantes

Le dieron a beber vinagre mezclado con hiel; pero después de haberlo probado, no quiso beberlo. (Mateo 27:34 RVR1960)

...puestos los ojos en Jesús, el autor y consumador de nuestra fe, el cual por el gozo puesto delante de él sufrió la cruz, menospreciando el oprobio, y se sentó a la diestra del trono de Dios. (Hebreos 12:2 RVR1960)

Jesús debía morir por nuestros pecados para darnos salvación eterna. Los profetas habían anunciado que sería traicionado y que como cordero manso y humilde sufriría una muerte de cruz. A su captura, siguió un largo e ilegal juicio. Finalmente fue sentenciado por una corte romana en complicidad con los judíos religiosos de la época; y aproximadamente a las tres de la tarde de aquel viernes, Jesús entregó su vida en forma agónica entre dos ladrones. Con mucha probabilidad las injurias y los insultos dirigidos a Él por la multitud que observaba al pie de la cruz no cesaron.

Pasado el mediodía, su cuerpo convertido en una llaga sangrante, comenzó a sentir los estragos de la agobiante sed. Entonces pidió agua para aliviarla y exclamó: Tengo sed. En respuesta a su petición, un soldado le acercó a la boca, no agua, sino hiel y vinagre. Este era un compuesto que se le ofrecía a los crucificados y servía a acelerar el proceso de muerte. Jesús lo probó y rechazó beberlo, prefiriendo enfrentar sin atenuantes lo que entendía como la voluntad del Padre para Él.

El secreto de la fuerza del Señor Jesús no provino de su condición física, que debió ser excelente, sino de su visión espiritual de su sacrificio. Halló fuerza y gozo viendo a lo lejos el fruto de su aflicción que es nuestra salvación y victoria.

Para reflexionar:

Los ojos físicos miran lo que está de frente; los espirituales, el propósito victorioso de Dios cumpliéndose en la vida.

Pensamiento:

Jesús es un modelo de cómo enfrentar grandes dolores sin químicos.

Candado de combinación

Por lo cual hermanos, tanto más procurad hacer firme vuestra vocación y elección; porque haciendo estas, no caeréis jamás. (2 Pedro 1:10 RVR1960)

A la entrada de los espacios de almacenaje privados (*storage*) existe un pequeño panel numérico que permite el acceso. Para entrar, tienes que presionar los números asignados en la secuencia correcta. Presionar el teclado en el orden o la secuencia correcta, hará que la puerta que bloquea el paso se abra. En rehabilitación, la secuencia correcta de los números equivale al orden de prioridades, cambios de rutina y de necesidades de una persona en vías de abandonar una adicción activa. Hay que perseguir la meta de nuestra vocación al derecho de vivir en sano juicio, perseverando en la elección de seguir dando los pasos para lograrlo.

Ciertamente, los mismos principios de recuperación aplican a todos por igual. Lograr que esa puerta que parece inamovible se abra no se logra de un día a otro; no es magia. Es un trabajo arduo en que puede haber equivocaciones hasta que se logre la combinación correcta.

Permanece firme a la entrada de la puerta que bloquea tu libertad. Infórmate acerca de las cosas que han funcionado a otros y comienza a trabajar. Una vez lo descubras «haciendo las mismas cosas no vas a caer más».

Pensamiento:

El candado que mantiene cerradas las puertas de tu libertad puede ser descifrado y abierto.

Para reflexionar:

Medita en tres cosas que haciéndolas disminuyes tus posibilidades de recaer.

1. _____
2. _____
3. _____

Puertas de salida

No os ha sobrevenido ninguna tentación que no sea humana; pero fiel es Dios, que no os dejará ser tentados más de lo que podéis resistir, sino que dará también juntamente con la tentación la salida, para que podáis soportar. (1 Corintios 10:13 RVR1960)

Una puerta de salida podría ser:
- La llamada oportuna de un amigo.
- No permanecer en el lugar.
- Escuchar un testimonio.
- Un hijo que inesperadamente reclama tu atención.
- El banco cerrado o un cajero automático que no funciona.
- Un sueño recordado.
- No hallar a nadie en el lugar acostumbrado.
- El auto averiado.
- La visita sorpresa de amigos o familiares.
- Una lluvia que no cesa.
- Una carretera intransitable.
- La billetera que no puedes encontrar.
- Un repentino y fuerte dolor de pecho o de estómago.
- Las llaves del auto extraviadas.
- Un temor profundo a pecar.
- Un accidente.
- La oportunidad de trabajar horas adicionales.
- Una caída.
- La llamada de tu mentor.
- Asistir a un grupo de apoyo.
- Orar fervientemente.
- Pensar en quienes te han ayudado y te aman.

Pensamiento:

Si hay una agenda o un plan para recaer, no podrás ver la puerta de salida.

Cada uno

De manera que cada uno de nosotros dará a Dios cuenta de sí. (Romanos 14:12 RVR1960)

No podrás cambiar el corazón rebelde de tu esposo(a), hijos, amigo o de ese ser especial que distingues y aprecias; de esa persona que consideras valiosa, pero que decidió no obedecer a Dios. El buen deseo hacia esa persona especial siempre será eso. No puedes cambiar con tu insistencia y tus consejos, que a veces ni son pedidos, lo que pertenece a Dios. Tu grado de compromiso en ayudar a esa persona especial podría trascender a límites no saludables. Cómo sería exponer tu vida si el problema llegara a una encrucijada de tipo legal.

Dios hará con esa persona especial lo que hizo contigo. El ser especial que deseas ayudar deberá decidir, y tú no ser hallado en medio. Además de estorbar el trabajo de Dios pondrás en peligro su futuro eterno. Has sido llamado a amar, a apoyar, escuchar y a orar. A hacerle saber que hay un lugar para él en la casa de Dios. El trabajo de convencer es del Espíritu de Dios; soltarlo a las manos de Dios hará que lo encuentre.

Pensamiento:

Dios ama y conoce a ese ser especial desde antes y mejor que tú.

Escribe una oración por esa persona especial.

_____
_____
_____
_____
_____
_____

Echa tu ansiedad sobre Dios

...echando toda vuestra ansiedad sobre Él, porque Él tiene cuidado de vosotros. (1Pedro 5:7 RVR1960)

Cuando pases por las aguas, yo estaré contigo; y si por los ríos, no te anegarán. Cuando pases por el fuego, no te quemarás, ni la llama arderá en ti. (Isaías 43:2 RVR1960)

¿Has visto la velocidad a la que los bomberos descienden por el tubo cuando suena la alarma de ayuda en su estación de trabajo? Así es la velocidad con que un pensamiento que genera ansiedad baja de la mente al corazón ante una noticia alarmante. Es un momento en que no se razona y se actúa pensando en que un gran incendio destruirá algo que tiene importancia personal. Dado el caso, la velocidad interior seguirá aumentando, generando una crisis que puede terminar en algo peor.

El consejo del escritor bíblico iba dirigido a hermanos que estaban siendo perseguidos por su fe. Probablemente se sentían temerosos e inseguros con la posibilidad de entrar en una crisis de ansiedad y perder su confianza. Como sabemos, una persona controlada por la ansiedad pierde el poder de autogobernarse y toma malas decisiones. Pero si alguien ofrece ayuda y dice que puede resolver el problema de la ansiedad, es que puede manejarla; conoce la naturaleza de la crisis y sabe dónde se encuentra la puerta de escape que no puede verse a causa de la carrera.

En cualquier evento que sea interpretado como de peligro y haga correr, la confianza será puesta a prueba. Por eso, y ante la noticia de *alarma de incendio*, no hay que olvidar que Dios está en control y cuida a sus hijos y les guía a tomar las mejores decisiones.

Pensamiento:

No tienes tiempo de realizar una larga y adornada oración; lo que Dios pide es que eches sobre Él tu ansiedad.

Para reflexionar:

Dios no te va a quitar la ansiedad; la sacas creyendo que Él te cuida.

Una nueva relación con Dios

Y allí se metió en una cueva, donde pasó la noche... Él le dijo: Sal fuera y ponte en el monte delante de Jehová. Y he aquí Jehová que pasaba, y un grande y poderoso viento...; pero Jehová no estaba en el viento. Y tras el viento un terremoto; pero Jehová no estaba en el terremoto. Y tras el terremoto un fuego; pero Jehová no estaba en el fuego. Y tras el fuego un silbo apacible y delicado. Y cuando lo oyó Elías, cubrió su rostro con su manto, y salió... I Reyes 19:9a, 11-13a RVR1960)

Los elementos de la naturaleza además de expresar el poder del Creador, dan testimonio de su gloria. En la Escritura se utilizan numerosos ejemplos de la creación para significar laboriosidad, fuerza, nueva vida, buenos hábitos y servicio; y en esta ocasión se trató de un silbido apacible.

¿Cómo Elías supo que Dios no estaba en el fuego, ni en el viento ni en el terremoto? No se sabe. Lo que sí se sabe es que pudo discernir dónde estaba. El fuego no fue lo suficiente brillante, el viento lo bastante recio, ni el terremoto suficientemente impresionante para ahogar el sonido de la presencia de Dios.

Elías conocía las manifestaciones sobrenaturales del poder de Dios. Pero más allá de estas, sabía encontrarlo. Ese día, Dios vino a él en un suave silbido que alumbró el alma apesadumbrada de su siervo. Y de lo profundo de sí, vio al Dios padre tierno, hermano, amigo e íntimo que tanto necesitaba.

Por eso, sus hijos no deberían obstinarse en relacionarse con Dios siguiendo patrones de experiencias pasadas. Antes bien ser semejantes a la luz de la aurora que tiene su gloria y un brillo diferente en cada momento del día. Dios no cambia, el ser humano sí, de acuerdo con su experiencia de vida, y usará el medio adecuado para captar su atención.

Para reflexionar:

El dolor y la crisis sirven para reencontrarnos con nosotros mismos y con Dios.

¡Tranquilo!

En descanso y en reposo seréis salvos, en quietud y en confianza será vuestra fortaleza. (Isaías 30:15b RVR1960)

Al terminar la pesadilla que significa una adicción activa, querrás recuperar cuanto antes el tiempo perdido. ¡Lo menos que quieres es reposar y descansar! Piensas que necesitas con urgencia recuperar tiempo, posesiones, buen empleo, la familia que perdiste y otros. Pero no, no hay que ir tan de prisa, hay que trabajar con prioridades. Prioridades significa poner las cosas en orden de importancia y de necesidades. La primera y más importante necesidad es mantenerse a salvo. A salvo de amistades y de prácticas de riesgo. Como fue el caso de una esposa que se oponía a que su esposo recién salido de un centro de rehabilitación comprara un auto. —¡No lo necesitas, yo te llevo a donde necesites ir! —le insistía. Pero de todos modos compró el auto que precipitó su recaída. Estar quieto no significa estar inactivo, más bien es la actitud inteligente de escuchar consejos de la gente que nos conoce y nos ama.

En el mundo de la adicción hay al menos dos enemigos: los exteriores compuestos por gente y lugares de riesgo, y los interiores como la impulsividad. En este frente de batalla, nada perturba más a esos enemigos que mantenerse en quietud mientras se hacen las mejores decisiones, en confianza de que Dios está en control y nos guía.

Pensamiento:

No hay por qué andar afanado en busca de una razón de vivir y un sentido de valor personal.

Para reflexionar:

Dios está contigo, pero solo tú tienes el poder de empujar tu ser o dejarlo en quietud mientras te guía.

Deseos de auto destruirte

Si alguno destruyere el templo de Dios, Dios le destruirá a él; porque el templo de Dios, el cual sois vosotros, santo es. (I Corintios 3:17 RVR1960)

Dios considera el cuerpo, su creación, tan sagrado como un templo; un estuche que contiene las huellas y la firma sagrada de su inventor. Cuidar ese templo resulta a veces difícil por el mundo tan lleno de contaminación en que vivimos. A esto hay que sumar el poco interés en observar un régimen saludable de ejercicio, y a veces una sobrecarga de abusos y excesos. El acto de auto destruirse tiene que ver precisamente con abusos y excesos. Y es una acción deliberada de menosprecio por el cuerpo donde no hay límites y se corren riesgos.

Atentar contra el cuerpo en cualquier forma es un acto de violencia en contra de sí mismo. Es una expresión de coraje muy grande, de no amarse y por supuesto de no tener interés de vivir en salud. Al practicar esa conducta se está enviando a Dios un mensaje de disgusto. Estás diciendo que tienes coraje porque no ha sabido cuidar de ti. Tampoco tú te has cuidado, por lo que el coraje va dirigido en ambas direcciones.

Hábitos auto destructivos como los excesos, los narcóticos, el alcohol y las relaciones sexuales de riesgo; son formas de manifestar coraje y rebelión. Si te has hecho enemigo de ti, ¿cómo serás amigo de otro? Si no eres tu aliado en la batalla, ¿cómo vencerás a tus enemigos más fuertes? Las victorias más importantes se han ganado con más inteligencia que fuerza.

Pensamiento:

Consagra tu cuerpo a Dios y no querrás más destruirlo.

Decisión:_____

_____

_____

Da y recibirás

Dad, y se os dará; medida buena, apretada, remecida y rebosando darán en vuestro regazo; porque con la medida que con que medís, os volverán a medir. (Lucas 6:38 RVR1960)

Dar es la expresión en peso y medida de tu amor. En el cuánto das está claramente identificado cuánto amas. En la acción de dar y recibir también das a conocer la forma en que mides a la gente. Si mides a tu prójimo en base a pulgadas, así te medirán. Definitivamente es mejor que te midan con una medida amplia donde quepan muchas imperfecciones. ¡Qué triste cuando nos descartan por el detalle de una pulgada de imperfección!

Dando, no disminuyes tus bienes, sino que abres la oportunidad de adquirir bienes nuevos y diferentes. El dar es como quien agita las aguas de un río que permite el buen fluir de su corriente. Cuando das, depositas en bancos que jamás quiebran y cuyos dividendos producen ganancias. De hecho, es probable que hoy estés disfrutando la inversión que hizo otro a favor tuyo. Dar es como quien siembra una semilla y espera su fruto.

Porque Dios amó, dio la mejor medida y el mayor peso de su amor: a su Hijo. Y Jesús, siendo hombre se humilló a lo sumo y como una semilla de trigo se sepultó para ser pan de vida a quienes creen en Él.

Pensamiento:

Hay algo que puedes dar o compartir este día: tú mismo.

Para reflexionar:

Porque de tal manera amó Dios al mundo, que ha dado a su Hijo unigénito, para que todo aquel que en él cree, no se pierda, mas tenga vida eterna. (Juan 3:16 RVR1960)

Casa limpia, pero vacía

Cuando el espíritu inmundo sale del hombre, anda por lugares secos, buscando reposo, y no lo halla. Entonces dice: Volveré a mi casa de donde salí; y cuando llega, la halla desocupada, barrida y adornada. (Mateo 12:43, 44 RVR1960)

El espíritu inmundo que fue echado intentará volver; no importa si la casa está adornada y limpia. Como está desocupada, existe la posibilidad de que entre nuevamente. En el mundo espiritual las únicas casas desocupadas sin riesgo son las de los que han fallecido.

Lo que ha ocurrido es que el creyente se ha hecho vulnerable a pesar de que su casa está limpia. La puerta de su casa quedó sin guarda y el Espíritu que es mayor al espíritu que está en el mundo, se contristó. Es lo que ocurre cuando la relación con el Señor Jesús es demasiado escasa o no existe.

Hacer cosas y más cosas en la iglesia no puede sustituir la relación íntima y diaria con el Señor. Él desea más que el servicio de sus hijos, su corazón, para que la casa adornada y barrida siga ocupada y conectada a la fuente de vida y de fuerza.

En adición a esto, hay que estar alerta para que el resentimiento y la falta de perdón no nos separen del amor que fue derramado cuando creímos. Sin olvidar que vivir demasiado centrado en sí mismo, conduce a sentirse aislado, solo y desocupado. La vida se alimenta, se llena y se hace fuerte en la compañía y el poder del Señor Jesús.

Pensamiento:

Es que te has alejado. Vuelve ahora a la fe en tu Dios.

Oración: _____

_____

_____

Hambre de Dios

He aquí vienen días, dice Jehová el Señor, en los cuales enviaré hambre a la tierra, no hambre de pan, ni sed de agua, sino de oír la palabra de Jehová. (Amós 8:11 RVR1960)

La necesidad de alimento es una necesidad de primer orden. El hambre es una reacción natural del cuerpo cuando le faltan nutrientes básicos. Quien sufre de hambre asume básicamente dos actitudes: se deja morir o busca ayuda. Desafortunadamente la población más vulnerable como los ancianos, los niños y los enfermos, la sufren con más frecuencia. El hambre o la necesidad de alimento para el cuerpo es fácil de identificar.

Cuando se trata de una necesidad espiritual y existe un profundo vacío, no se sabe exactamente qué hacer. La incomodidad y el coraje son señales de un hambre que no se entiende. En la búsqueda de algo que haga sentir mejor, vamos en busca de un quién, un dónde y un cómo.

El objeto de una adicción es una de muchas clases de comida. Es un alimento que hace a quien lo prueba débil porque produce temor, vulnerable, porque lo expone y causa muerte espiritual que es separación de Dios. Es un alimento condimentado con una clase de placer que se desvanece por lo que hay que repetir la porción una y otra vez.

Si lo que está frente a ti no ayuda a fortalecer el ser interior, entonces no es un buen alimento. Cuando nos acercamos a Dios, Él nos llena con su Espíritu de gozo y su presencia nos hace sentir saciados emocional y espiritualmente. En su presencia siempre hay alimento fresco y bueno, por eso no mueras espiritualmente.

Para reflexionar:

Generalmente es fácil identificar la clase de alimento por quien le hace la oferta.

Pensamiento:

Jesús les dijo: Yo soy el pan de vida; el que a mí viene, nunca tendrá hambre; y el que en mí cree, no tendrá sed jamás. (Juan 6:35 RVR1960)

Árbol siempre verde

Aún en la vejez fructificarán; estarán vigorosos y verdes... (Salmos 92:14 RVR1960)

Recuerdo cuando era niño y escuchaba el sonido de los pinos del colegio donde estudiaba. Cuando el viento soplaba con fuerza y balanceaba los gigantescos árboles, ¡era impresionante! Hay hombres que son como gigantescos pinos. Otros, lamentablemente no llegan a ser ni siquiera arbustos porque son cortados o son desarraigados antes de tiempo.

Los árboles grandes, como los pinos del colegio, nos dan su belleza y su elegancia. Llevan además guardado en su tronco la historia de su vida grabada en anillos. Datos como el año de una sequía, el incendio que consumió parte de su tronco y haber sido parcialmente cortado. Los anillos son marcas y cicatrices que revelan lo vivido por el árbol. Como los árboles, los seres humanos también guardan en los anillos de su corazón recuerdos y memorias.

Las personas, como los pinos, necesitan un suelo, un espacio y un buen ambiente donde nacer y crecer. Hay gente que lo ha logrado en terrenos de vida muy difíciles. No importa el número ni lo severo de las dificultades, si han sobrevivido es que el terreno no fue del todo malo.

La Palabra de Dios es una buena semilla y tiene los nutrientes para que el terreno de la vida personal sea mejorado. Una buena actitud es un buen comienzo para sentirse lleno de vida y vigoroso.

Pensamiento:

Aún en la vejez puedes fructificar, sentirte vigoroso y fuerte.

Para reflexionar:

Tal vez no te veas tan hermoso(a) como cuando eras más joven, pero puedes sentirte vigoroso y con muchos deseos de vivir.

Pocas oportunidades de empleo

Porque yo conozco mis rebeliones, y mi pecado está siempre delante de mí. (Salmos 51:3 RVR1960)

Una de las grandes dificultades que enfrenta quien aspira a una vida nueva es su récord o archivo policial; las ofensas legales que el gobierno se niega a perdonar. Es una pared en la que se estrellan los sueños y las esperanzas y es como una barrera permanente. No solo es frustrante, sino que puede afectar los esfuerzos en este proceso de restauración.

Un récord policial desfavorable podría cerrar algunas puertas, pero no puede bloquear todas las oportunidades y la posibilidad de tener éxito. Auto compadecerse y lamentarse resuelve absolutamente nada. Porque el valor de una persona no depende del gobierno, sino de sus talentos y sus habilidades. La posibilidad de triunfo siempre dependerá de ti mismo y el empeño que pongas en lo que haces.

Levantarse en la mañana temprano y realizar alguna actividad como ayudante o pequeño empresario, produce una increíble sensación de bien y de utilidad. No hay que olvidar que la dignidad del trabajo que se realiza no radica en lo alto del salario, ni en su categoría, sino en el trabajo mismo. Un trabajo digno y honrado ayuda a permanecer enfocado, da propósito y sentido a la vida. El pecado no perdonado que está siempre delante de ti es un obstáculo; Dios delante de ti hace una gran diferencia.

Pensamiento:

Si alguno no quiere trabajar, tampoco coma. (2 Tesalonicenses 3:10b RVR1960)

Para reflexionar:

Siempre que no trabajas, pudiendo hacerlo, estarás comiendo del esfuerzo de otro.

Sé honesto

Por lo demás, hermanos, todo lo que es verdadero, todo lo honesto, todo lo justo, todo lo puro, todo lo amable, todo lo que es de buen nombre; si hay virtud alguna, si algo digno de alabanza, en esto pensad. (Filipenses 4:8 RVR1960)

El apóstol exhorta en su carta a los Filipenses, a mantenerse pensando en aquellas cosas que contengan las virtudes y cualidades aprobadas por Dios. De esa lista hemos escogido hablar sobre la honestidad. Honestidad es actuar de forma correcta cuando nos ven, como cuando únicamente se tiene la conciencia como juez. Ser honesto es pureza y transparencia en las motivaciones y en los actos. Es actuar con peso y balanza justa. Quien es honesto ama a su prójimo y tiene respeto por su derecho a la dignidad. Ser deshonesto fingiendo virtudes y lealtades como la confianza es un crimen.

El hombre deshonesto se aprovecha del débil, del vulnerable, del ignorante y el que se encuentra en desventaja. Es como un animal de rapiña al asecho para hurtar. El deshonesto tiene como aliados la mentira y el engaño y posee una moral dudosa. Puede pasar mucho tiempo sin ser descubierto pero una vez se descubre, paga un precio muy alto por su vergonzosa conducta.

La deshonestidad es una mentira premeditada que aparta a los amigos y puede reunir multitud de enemigos. El deshonesto se enriquece materialmente pero espiritualmente empobrece hasta la miseria. Sin honestidad no hay rehabilitación.

Pensamiento:

Si no eres honesto con cosas materiales como el dinero, tampoco lo serás con los asuntos del diario vivir.

Para reflexionar:

Reflexiona en tres situaciones en que ser deshonesto —a corto y a largo plazo— puede llevar a una recaída.

Prisioneros de esperanza

Volveos a la fortaleza, oh prisioneros de esperanza; hoy también os anuncio que os restauraré el doble. (Zacarías 9:12 RVR1960)

El profeta Zacarías dirige este mensaje a gente recién salida de un cautiverio y les exhorta a fortalecerse en Dios. Les dice que en vez de enfocar la tristeza de un cautiverio, se vean como prisioneros en la esperanza de que un día serán completamente restaurados. Este pueblo sabe que su condición de prisioneros no comenzó con la invasión de una nación enemiga, sino con su alejamiento de la ley y de su desobediencia. Y saben además que la decisión relacionada a su libertad no estuvo en sus manos.

¿Cuáles son los pasos para salir de una prisión? Para salir de una prisión física hay que contar con un abogado que examine la causa y pague la reposición requerida. Y en el mundo espiritual, donde el carcelero es Satanás, el Señor Jesús, nuestro abogado, examinó la causa, pagó reposición en ley y ordenó la excarcelación de sus hijos.

Todos somos y hemos sido engañados en algún aspecto y en algún momento de la vida. Por esa razón la esperanza es para todos, para todos los que desean abundar cada día más y más en la experiencia de libertad. Libertad no solo en relación a cosas materiales sino a pensamientos y malos hábitos que esclavizan emocionalmente. Somos como máquinas que producen cada día y minuto esperanza renovada en el fundamento fuerte de Dios.

Pensamiento:

Castillo y fortaleza es Dios que nos cubre con esperanza.

Para reflexionar:

Y el Dios de esperanza os llene de todo gozo y paz en el creer, para que abundéis en esperanza por el poder del Espíritu Santo. (Romanos 15:13 RVR1960)

Un servidor de Dios

...porque es servidor de Dios para tu bien. Pero si haces lo malo teme; porque en vano lleva la espada, pues es servidor de Dios, vengador para castigar al que hace lo malo. (Romanos 13:4 RVR1960)

Probablemente solo la fe y el compromiso de seguir al Señor Jesús no sean suficientes para mantenerse fuera de una adicción. Para ayudar a lograrlo, la Biblia enseña acerca de dos clases de temores. El primero es el temor de Dios o respeto profundo a desobedecer su Palabra. Este temor o respeto reverente es puesto en el corazón del creyente por el Espíritu Santo y ayuda a mantenerse alejado del pecado. La otra clase de temor es el que las autoridades inspiran a quien no obedece la ley.

Los estudios aseguran que nadie ha logrado mantenerse fuera de su adicción sin estar sujeto de manera intencional a una autoridad. Una autoridad que puede ser un pastor, un mentor, el cónyuge, un familiar e inclusive un grupo de apoyo; es decir, alguien a quien rendir cuentas.

Los programas de supervisión establecidos por el gobierno sirven a ese propósito. Como también los programas de apoyo cuyos miembros mantienen contacto y a veces en un estrecho vínculo de amistad. Porque no se ha sabido de alguien que haya logrado mantenerse sobrio y aislado. Sujetarse a alguna forma de programa y plan de supervisión voluntariamente, evitará que después haya que hacerlo obligado.

Para reflexionar:

Es verdad que ninguna disciplina al presente parece ser causa de gozo, sino de tristeza; pero después da fruto apacible de justicia a los que en ella han sido ejercitados. (Hebreos 12:11 RVR1960)

Llevando la propia carga

...porque cada uno llevará su propia carga. (Gálatas 6:5 RVR1960)

Todo ser humano lleva en su viaje por la vida cargas como las responsabilidades, el quehacer diario, la familia, y si hubiera alguna enfermedad, la carga entonces sería más pesada. Cada uno acepta voluntariamente llevar la propia. La carga de cada uno tiene el peso que puede llevar.

Los padres ayudamos a llevar cargas a los hijos hasta que ellos crecen y pueden hacerlo por sí mismos. Seguramente sabes de casos de hijos que a pesar de su mayoría de edad, dependen de sus padres para que le resuelvan sus problemas. Llevar cada uno su carga es para personas que han dejado de ser niños, han alcanzado un grado de madurez, de autogobierno y responsabilidad personal. Nada es más cómodo que otro lleve el mayor peso de la carga propia, y en el peor de los casos, que le lleven la carga completa; y eso no se debe hacer. Son gente que no conoce la diferencia entre recibir ayuda y que le lleven su carga.

El camino al sano juicio incluye llevar la propia carga. Es una carga que tiene escrito tu nombre y el mío y se espera que la llevemos con gozo y entusiasmo. Jesús levantó de los hombros de sus hijos la carga más pesada de pecado y de culpas, para que caminen en balance y descanso llevando su propia carga.

Pensamiento:

Una razón del porqué se hace difícil llevar la carga propia son las cargas ajenas que estamos llevando.

Para reflexionar:

Medita en cinco formas de ayudar a llevar la carga de otro(a) sin necesidad de llevarlas tú.

Tú eres un milagro

Y él dijo: Ven. Y descendiendo Pedro de la barca, andaba sobre las aguas para ir a Jesús. Pero al ver el fuerte viento, tuvo miedo; y comenzando a hundirse, dio voces, diciendo: ¡Señor sálvame! (Mateo 14:29, 30 RVR1960)

El desafío mayor del hombre libre es seguir siéndolo el mayor número de días y años posibles. Es como andar sobre el agua cada día: ¡un milagro! El milagro que comienza con una decisión. La decisión de poner un pie fuera de la barca del área de comodidad, desafiando las voces de los que dicen que no se puede.

Comenzar a caminar los pasos en rehabilitación es un ejercicio de fe. Una fe que no está puesta en las propias fuerzas, porque se trata de un caminar sobre un terreno que nunca se había intentado. Una experiencia similar a la de un niño que aprende a caminar con ayudas.

El discípulo Pedro inició la aventura de desafiar lo imposible con un grupo de once amigos, apoyándole y teniendo frente a él a Jesús que le invitaba a tener confianza y a caminar. La historia dice que logró mantenerse caminando mientras tuvo sus ojos puestos en el Señor, y que cuando prestó más atención a su temor y a las circunstancias que a su fe, comenzó a hundirse.

En algún momento en este camino de restauración habrá que echar mano a la fe, dejando el área de comodidad, sin prestar demasiada atención a las voces que dicen que no se puede.

Pensamiento:

Los riesgos que corriste en el pasado pudieron llevarte a la muerte. El pequeño riesgo por obedecer a Jesús, a la vida y a la libertad.

El ejemplo del águila

Él da fuerzas al cansado, y al débil aumenta su vigor. Hasta los jóvenes pueden cansarse y fatigarse, hasta los más fuertes llegan a caer, pero los que confían en el Señor tendrán siempre nuevas fuerzas y podrán volar como las águilas, podrán correr sin cansarse y caminar sin fatigarse. (Isaías 40:30, 31 DHH)

La confianza en Dios puede llegar a ser tan fuerte como las alas de un águila, cuya extensión de dos metros, permiten elevar sin dificultad el peso del ave de 16 libras aproximadamente y levantar del suelo el doble de ese peso. Son alas tan poderosas, que pueden mantener al águila planeando sobre las nubes por varias horas mientras el mal tiempo pasa.

¿Quién no se ha sentido en algún momento débil y sin fuerzas para continuar? Sin importar la edad, todos hemos experimentado el temor a no lograrlo. Cuando las fuerzas se van acabando y el horizonte de una solución parece lejano e inalcanzable.

Quien está en carrera, sabe que no es posible mantener el curso si no hay metas claras, y que las metas egoístas terminan frustrándonos. En cambio, las metas nobles que tienen que ver con el amor a la familia y al prójimo, impulsan hacia adelante; y Dios ama esas metas.

En tiempos de crisis, el cuerpo genera una hormona conocida como adrenalina, que provee por un breve tiempo al cuerpo de fuerza adicional. Pero los que confían en el Señor siempre encuentran en Él nuevas fuerzas. Y pueden volar como águilas y caminar y correr sin cansarse porque tienen confianza.

Para reflexionar:

Cuando las fuerzas físicas y emocionales menguan, las espirituales se renuevan en el ejercicio de la fe.

Tiempo de huracanes

Caerán a tu lado mil, y diez mil a tu diestra; más a ti no llegará. (Salmos 91:7 RVR1960)

Se le conoce como «temporada de huracanes» a los meses comprendidos de octubre a enero. Es el tiempo en el cual ocurre un mayor número de suicidios, recaídas y tragedias personales. Son meses en los cuales los asuntos familiares y personales no resueltos vuelven a ser crisis.

Días con un profundo significado familiar como Acción de Gracias, Navidad y Fin de Año, avivan los recuerdos. Recuerdos que podrían traer sentimientos depresivos de melancolía y soledad. Son días de riesgo en que deben tomarse precauciones como asistir a un grupo de apoyo, mantenerte cerca del mentor y fortalecer la relación con Dios.

En ese plan preventivo hay que prestar especial atención al círculo de amigos, a los que por alguna razón consideras débiles o de más riesgo. Guardando una distancia prudente que ayude a seguir en pie, en caso de que fallen. Es prácticamente imposible sobrevivir al efecto de dominó que le sigue a la caída de quien está cerca.

Los habitantes del Caribe están acostumbrados a recibir el embate de un huracán casi todos los años. Quienes escuchan y obedecen, toman precauciones y tienen probabilidad de sobrevivir. Y frente al huracán emocional de una adicción es de sabios prestar atención y tomar precauciones para no perder la vida.

Pensamiento:

No podrás evitar la caída de otros, pero sí puedes cuidar que llegue a ti.

Conversemos sobre espiritualidad, rehabilitación y fe cristiana

Los dos caminos

Entrad por la puerta estrecha; porque ancha es la puerta, y espacioso el camino que lleva a la perdición, y muchos son los que entran por ella; porque estrecha es la puerta, y angosto el camino que lleva a la vida, y pocos son los que la hallan. (Mateo 7:13, 14 RVR1960)

El camino y la puerta a la recuperación, como el camino a la vida, son angostos. Cuán angosto, lo determina el equipaje que el caminante lleva, que viene a ser también el espacio que ocupa. La persona complicada con grandes exigencias, carga un peso mayor. La gente sencilla, humilde de corazón y enseñable, requiere menos espacio y camina el camino con más facilidad.

Una ventaja del camino angosto es que hay menos posibilidad de perderse. Cuando este camino es abandonado es porque se ha dado oído a voces engañosas y extrañas. En el camino angosto no hay atrechos ni atajos, es un camino angosto. Su aspecto poco atractivo contrasta con el amplio y espacioso que recorre la mayoría, por lo cual es comprensible que la mayoría camine por él.

Para caminar el camino angosto hay que despojarse voluntariamente de los pesos innecesarios, y de la carga de pecado que el Señor levanta de los hombros mediante su amor y perdón. El camino que conduce a la vida como el que conduce a la perdición se parece al embudo. Puede elegirse lo ancho ahora y al final lo apretado, o lo angosto hoy y al final la espaciosa libertad de la presencia de Dios.

Pensamiento:

Jesús le dijo: Yo soy el camino, y la verdad, y la vida; nadie viene la Padre, sino por mí. (Juan 14:6 RVR1960)

Corriente funesta

En los cuales anduvisteis en otro tiempo, siguiendo la corriente de este mundo, conforme al príncipe de la potestad del aire... (Efesios 2:2a RVR1960)

La gente que sigue la corriente de este mundo se deja llevar haciendo lo que ven hacer. Piensan que lo que la mayoría dice y hace es lo correcto y rara vez cuestionan. Piensan y razonan como si su sentido común se moviera en dirección diferente a su inteligencia.

Seguir la corriente es la manera fácil de vivir. Cuan fácil, como cuando se utiliza un transporte público sin cuestionar su estado. La mayoría dice: —si todos lo usan es que el vehículo está en buenas condiciones. —Ni siquiera consideran importante saber si quien lo arregló y el que maneja están cualificados.

Un día sentiste la necesidad de explorar más allá de la corriente de lo que la mayoría dice y hace. Te detuviste firme sobre tus pies e inquiriste acerca de tus opciones. La corriente decía que quien entra al mundo de las drogas no sale y eso no es correcto. Dicen también que preguntar es no tener inteligencia, lo cual es otro error. Ellos viven siguiendo la corriente porque el dios al cual sirven cegó su entendimiento.

Nadie que está en la corriente puede hacer decisiones importantes.

Pensamiento:

Mantente afuera de la corriente.

Para reflexionar:

Todo el que vive para seguir la corriente debe saber que vive bajo la autoridad o la potestad de Satanás.

¿Qué es el pasado?

Quién me volviese como en los meses pasados (Job 29:2a RVR 1960)

El pasado es:
- Ayer.
- Memorias.
- Terreno árido y estéril.
- Humo en la hoguera de tus actos.
- Neblina que impide ver hacia adelante.
- Un muerto al cual insistes hacer autopsia.
- Un auto que no se mueve.
- Eco de una voz que no existe.
- La sombra y no la persona.
- Es agua que no regresará.
- Un nido vacío.
- Una garantía vencida.
- Una luz roja que no cambia a verde.
- Un museo de exhibición.
- Un avión que no puede aterrizar.
- Una celda en el tiempo.
- Una melodía que pasó de moda.
- Un capítulo escrito —una historia dudosa, gastada y sin testigos.
- Una casa vacía que sigues intentando convertir en hogar.

Actividad:

Haz una lista de aquellas cosas que deseas que queden en el pasado de tus recuerdos y te causan dolor. Luego entrégalas a Dios en oración cuantas veces sea necesario. Eventualmente comenzarás a verlas en el pasado.

Para reflexionar:

No os acordéis de las cosas pasadas, ni traigáis a memoria las cosas antiguas. He aquí yo hago cosa nueva; pronto saldrá a luz... (Isaías 43:18, 19a RVR1960)

Caín

Génesis 4:8-16

¿Qué emoción experimentas antes de una recaída? ¿Coraje, tristeza, decepción, soledad? Las emociones negativas son la antesala del pecado que está a la puerta. De acuerdo a la historia bíblica, Caín estaba molesto. Su semblante pregonaba su crisis y Dios le previno:

Entonces el Señor le dijo: «¿Por qué te enojas y pones tan mala cara? Si hicieras lo bueno, podrías levantar la cara; pero como no lo haces, el pecado está esperando el momento de dominarte. Sin embargo, tú puedes dominarlo a él.» (Génesis 4:6, 7 DHH)

Finalmente decidió no escuchar la advertencia e invitó a su hermano Abel al campo donde lo mató. Después de cometer el crimen Dios lo trajo a cuentas. Caín negó los hechos y altaneramente contestó:

¿Soy yo acaso guarda de mi hermano? (Génesis 4:9b RVR1960)

Caín eligió el camino difícil al del arrepentimiento que Dios le ofreció. La consecuencia de su pecado fue el exilio, lejos de su familia donde el sentido de desarraigo y desconexión le hizo vulnerable. Sintiéndose desprotegido temió por su vida y exclamó —¡grande es mi pecado para ser soportado!

Pecados como el asesinato conllevan un profundo sentido de desconexión física y emocional de la familia y la sociedad. La sentencia de juicio de Dios sobre Caín tuvo que ver más con su altanera respuesta que con su pecado mismo. Las emociones negativas, como el coraje, siguen siendo puertas al pecado y la desgracia.

Para reflexionar:

Escribe cuatro formas en que Dios alerta sobre el peligro de pecar.

_____

_____

Sansón

Mas su padre y su madre no sabían que esto venía de Jehová. (Jueces 14:4a RVR1960) (Tomar una mujer filistea por esposa)

Sansón es famoso por su extraordinaria fuerza física como por sus debilidades de carácter. Dios le escogió desde antes de nacer. Su llamado comprendía la observancia de unas instrucciones específicas. Sus padres cumplirían algunas de esas antes de su nacimiento y otras durante su vida en las que él también tendría participación. Sansón disfrutó de un esmerado cuidado por parte de padres temerosos de Dios. Sin embargo, en el transcurso de su desarrollo se observó una falla en su carácter.

Aparentemente Sansón no tomaba con suficiente seriedad el asunto de su llamado. A pesar de la lamentable situación, Dios lo usó para mostrar su poder y lograr lo que se había propuesto. Sin él saberlo, cumplía con la estrategia de Dios para tratar con el problema de los filisteos.

De las varias mujeres filisteas con quienes tuvo que ver, fue Dalila quien logró descubrir con engaño el secreto de su fuerza. Nadie imaginaba que su larga cabellera tuviera que ver con ello. Dalila lo entregó a sus captores quienes lo redujeron a prisionero. Como parte de la tortura a la que fue sometido le despojaron de sus ojos e hicieron mofa de su fe.

Sansón fue honrado junto a muchos otros personajes en el capítulo 11, versículo 32, del libro a los Hebreos por esa fe. A pesar de sus malos juicios no perdió de vista quiénes eran los enemigos del pueblo de Dios. Como tampoco el propósito para el cual había nacido, a pesar de su falla de carácter.

Pensamiento:

Cuando Dios te escogió, consideró tus debilidades como también tu fe.

Sansón (II)

Y dijo Sansón: Muera yo con los filisteos... y cayó la casa sobre todos los principales y sobre todo el pueblo que estaba en ella. (Jueces 16:30a RVR1960)

Para celebrar la ocasión, los filisteos convocaron a una gran fiesta donde Sansón sirvió de juguete y de trofeo de guerra. Dichas fiestas podían durar semanas y eran ofrecidas a su dios Baal. En esas fiestas eran practicados toda clase de excesos como parte del culto. La situación lamentable que Sansón estaba viviendo debió haber causado dolor al corazón de Dios; era su siervo y su escogido.

Cuando Sansón reveló el secreto de su fuerza se volvió vulnerable, la fuente de su fuerza se secó. El muro de protección que le rodeaba se desmoronó. Sansón debió experimentar soledad, mucha vergüenza y dolor que son evidencias del pecado. Si Sansón se dio cuenta cuando Dios se apartó, también debe haber sabido cuando la relación fue restablecida.

En aquel lugar de profunda vergüenza y fracaso, empezó a renacer una nueva y fresca visión de Dios. Las fiestas duraron el tiempo necesario para que el pelo empezara a crecerle. De modo que cuando los verdugos se dieron cuenta del cambio, era demasiado tarde. Sansón solicitó entonces que le llevaran hasta las columnas que sostenían el edificio donde apoyó sus manos y oró de la siguiente manera:

Entonces clamó Sansón a Jehová, y dijo: Señor Jehová, acuérdate ahora de mí, y fortaléceme, te ruego, solamente esta vez... (Jueces 16:28)

Ese día murieron aplastados bajo el edificio más filisteos de los que había matado en su vida.

Un siervo de Dios que es hecho prisionero en terreno enemigo pierde su visión y su fuerza, pérdidas importantes que no significan necesariamente su total fracaso. La verdad de Dios es que mientras hay vida existe la oportunidad para el perdón y el arrepentimiento. Pero no debería ocurrir que un hijo de Dios muera prisionero o esclavo entre gente extraña.

Pensamiento:

La medida de tu fuerza está relacionada a tu grado de obediencia.

Judas Iscariote

...sino que era ladrón y teniendo la bolsa sustraía de ella. (Juan 12:6b RVR1960)

Judas fue ladrón, fue amigo desleal y un ignorante de los mínimos principios de respeto. No fue escogido para hacer más terrible su desgracia. Fue elegido porque al igual que todos los que son llamados, merecía la oportunidad que final y voluntariamente decidió rechazar. Era el mayor del grupo lo que significa que la experiencia de vida no le ayudó. Era extranjero (de otra región) y aparentemente fue un extraño también al espíritu que unía al grupo de discípulos. Judas pensó, como es usual en una persona en adicción, que era más listo y que sus compañeros discípulos no sabían sobre su mala costumbre de robar del dinero que les donaban. La Escritura no registra que hubiese sido confrontado con su delito.

Durante la última cena, Jesús le advirtió de una manera respetuosa sobre la mala decisión que estaba a punto de tomar. Pero aparentemente el camino que había elegido no tenía regreso. Su avaricia y falta de juicio lo llevó a concluir el negocio que había acordado de vender al Maestro por 30 monedas de plata, (Mateo 26:14-16) y con ello selló su destino eterno.

Judas experimentó las mismas emociones negativas de una persona en adicción: remordimiento, vergüenza y soledad. En aquel momento de crisis no se acordó de la posibilidad de obtener el perdón que tanto necesitaba y optó por el suicidio.

Pensamiento:

Nunca sabrás cómo tu problema de adicción afectará el destino de otros y el más importante, el tuyo.

Para reflexionar:

¿De qué manera tu adicción te afecta y está afectando a otros?

Algo más: _____

_____

El pecado de David

Aconteció al año siguiente, en el tiempo que salen los reyes a la guerra... David se quedó en Jerusalén. (2 Samuel 11:1 RVR1960)

La decisión de David de permanecer en el palacio cuando debía estar con sus soldados, sigue siendo cuestionable. Como rey tenía el derecho de ir o de no hacerlo. Al parecer, la razón de desatender su responsabilidad obedecía a un plan relacionado con su vecina Betsabé. David amaba a Dios, pero a su vez desafiaba su ley en lo relacionado a mujeres.

La cadena de mentiras que tienen lugar a partir de su decisión, es parecida a la de una persona en adicción. David no estableció prioridades, y envió mensajes contradictorios a sí mismo; el mismo cuadro de confusión que precipita una caída.

La amonestación de Dios por medio del profeta Natán, detuvo su autodestructiva carrera. Pero no salvó a su familia de entrar a una etapa de tragedias y de iniquidad. La experiencia de David es evidencia, de que una cadena de mentiras y engaños conduce a tragedias mayores.

Gracias a Dios por aquellas personas que se interesan en saber sobre nosotros. Por aquellos a quienes rendimos cuenta, incluyendo en esa lista a los oficiales del sistema judicial.

Tu grado de responsabilidad en el cumplimiento de tus obligaciones te puede salvar de caer.

Piensa en cinco obligaciones y responsabilidades relacionadas a trabajo, matrimonio, hijos, obligaciones económicas, asistencia a centros educativos y grupos de apoyo que podrían librarte de una recaída.

Conversemos sobre espiritualidad, rehabilitación y fe cristiana

Lot, Noé y el alcohol

Y despertó Noé de su embriaguez y supo lo que le había hecho su hijo más joven, y dijo: Maldito sea Canaán; siervo de siervos será a sus hermanos. (Génesis 9:24, 25 RVR1960)

Y dieron a beber vino a su padre... (Génesis 19:35a RVR1960)

Y las dos hijas de Lot concibieron de su padre. (Génesis 19:36 RVR1960)

Lot y Noé experimentaron las más funestas consecuencias por causa del consumo indebido de alcohol. A ambos les unen circunstancias personales de tragedias extraordinarias. Noé enfrentó, pasado el diluvio, un deprimente mundo con olor a muerte y el subsiguiente reto de comenzar otra vez.

Lot por su parte sufrió la quema de su hogar como consecuencia del castigo de Dios sobre las ciudades de Sodoma y Gomorra, y la muerte violenta de su esposa cuando esta desobedeció la orden del ángel de no mirar atrás mientras huían de la ciudad en llamas. Lot y sus hijas tuvieron que aprender a adaptarse a vivir en las montañas, a lo que no estaban acostumbrados.

No existe la más mínima referencia bíblica de un problema de alcohol de estos personajes, anterior a estos hechos. La tragedia mayor para estos hombres la sufrieron sus hijos. Noé maldijo a su nieto Canaán, a pesar de haber sido su hijo Cam quien le había visto desnudo en su carpa mientras estaba ebrio. Y Lot cometió incesto con sus hijas bajo los efectos del alcohol.

Pensamiento:

No se trata únicamente de ti, sino de la familia y los hijos.

Para reflexionar:

Aunque en la Biblia no se prohíbe el consumo de alcohol, por causa de las adicciones y los problemas de salud que atrae, es sabio mantenerse alejado de él.

Escribe brevemente tu razón personal para mantenerte alejado del alcohol.

José

Ahora, pues, no os entristezcáis, ni os pese haberme vendido acá porque para preservación de vida me envió Dios delante de vosotros. (Génesis 45:5 RVR1960)

El joven José es uno de los personajes más nobles de carácter y sufrido en las Escrituras. Desde muy chico tuvo que lidiar con diez hermanos mayores que le odiaron. Le odiaban por ser el hijo más amado y por sus dones espirituales. Un día las malas relaciones de este grupo de hermanos llegaron a un punto crítico. José fue vendido como esclavo y su padre Jacob engañado en relación a las causa de su supuesta muerte.

Providencialmente llegó a Egipto donde sirvió en la casa de un importante militar egipcio llamado Potifar. Este hombre confió a José su casa y durante una prolongada ausencia, fue acosado por su esposa. Entonces ella lo acusa falsamente, y tras ser sentenciado a prisión, fue traicionado por compañeros de celda que debían abogar por él.

Un día el faraón tuvo un sueño que ninguno de sus magos y sus adivinos pudieron interpretar. Buscando ansiosamente saber la interpretación, supo de los dones del joven José que estaba preso. José fue traído ante él y este, después de orar a Dios, recibió la interpretación correcta. Entonces faraón, en reconocimiento a su capacidad le nombró su segundo en el reino. Con el principal encargo de preparar al país para el tiempo de escases y hambre.

La hambruna llegó como había sido profetizado y se extendió hasta Canaán, donde vivían sus hermanos y su padre. Desesperados estos por la crisis, decidieron viajar a Egipto en busca de provisiones. Al verlos, José los abrazó y los perdonó.

Pensamiento:

Perdonar es contribuir para la paz y la reconciliación.

Decido perdonar a:_____

Conversemos sobre espiritualidad, rehabilitación y fe cristiana

Triste partida

No muchos días después, juntándolo todo el hijo menor, se fue lejos a una provincia apartada; y allí desperdició sus bienes viviendo perdidamente. (Lucas 15:13 RVR1960)

El hijo menor ha decidido abandonar el hogar. Nadie, incluyendo a su padre, esperaba que ocurriera algo así. El Padre sufre porque entiende que no es la decisión correcta. Sabe que no le conviene, pero no impedirá su partida. Pasados unos días, el hijo menor ha terminado de recoger sus pertenencias e incluso reclamó su herencia anticipadamente.

No sabemos qué cosas habló el padre con su hijo la noche antes. Es probable que hubiera tratado de persuadirlo; ¡le amaba! Muy de mañana el personal de la casa salió a trabajar y el hijo menor a un rumbo desconocido e incierto. Llevaba en adición a su equipaje una pesada carga de soberbia, de ingratitud y de desafío a la autoridad de su padre. Si el padre no lloró, lo hizo su corazón quebrantado por causa de la partida. Le observó marchar hasta que su imagen desapareció en el horizonte. —¡Mi hijo! —debió exclamar con dolor y voz entrecortada.

Pensamiento:

Un día verás salir con rumbo desconocido a un hijo, a un sobrino, a tu esposo(a) y tendrás una idea del dolor que esto representa.

Pregunta para reflexionar:

¿Te estás preparando para partir o estás considerando regresar? Expresa en tus propias palabras tu decisión de regresar:

_____

_____

_____

_____

_____

El regreso

Y levantándose, vino a su padre. Y cuando aún estaba lejos, lo vio su padre, y fue movido a misericordia, y corrió, y se echó sobre su cuello, y le besó. (Lucas 15:20 RVR1960)

Levantarse y regresar debió ser una decisión difícil. Hacía tres años aproximadamente que se había marchado. Quien dice: —me levantaré —ha tenido una conversación consigo mismo. Ha decidido poner a un lado la vergüenza, el sentido de fracaso y el desánimo. Nadie le dijo, nadie lo aconsejó; él decidió. Al decidir, se puso de pies interiormente antes que sus pies comenzaran a moverse.

La parábola del hijo pródigo representa el regreso de los hijos que vuelven a los brazos de Dios. Al Dios Padre, bueno, amoroso, justo y perdonador. Si el pródigo hubiera tenido un concepto negativo de su padre, no hubiera regresado. Tampoco lo hubiera hecho si hubiera dado más oído a las voces del sentido de culpa y de auto condenación.

No existe un mejor motivo para regresar que el amor del Padre. El amor de Dios cubre a sus hijos a pesar del tiempo y de la gravedad de las faltas cometidas. La escena del padre corriendo a encontrar al hijo abrazándolo y besándolo, es conmovedora. Y ese amor lo expresó Dios en Jesús cuando murió en lugar de hijos pecadores que aún siguen regresando para ser perdonados.

Pensamiento:

Demorar la decisión de regresar hará más difícil la decisión de levantarse.

Pregunta para reflexionar:

¿Eres de los que esperan que Dios les toque, aguardan por una señal, esperan el momento adecuado, o has emprendido con determinación el camino de regreso?

Conversemos sobre espiritualidad, rehabilitación y fe cristiana

Al volver en ti

Y volviendo en sí, dijo: ¡Cuántos jornaleros en la casa de mi padre tienen abundancia de pan, y yo aquí perezco de hambre! (Lucas 15:17 RVR1960)

Volver en si es:

- Valorar el bien de tu casa.
- Asumir responsabilidad por tus actos y tu manera de pensar.
- Recobrar el valor.
- Sentir una necesidad ardiente de hacer restitución.
- Dejar de correr y hacer un alto firme y definitivo.
- Reconocer el valor de la gente que te ama.
- Aceptar que Dios no ha dejado de amarte.
- Dejar a un lado las excusas.
- Retomar tu valor personal.
- Pensar en el futuro con esperanza.
- Dejar de desear morir y querer vivir.
- Diferenciar el placer del dolor.
- Caminar en dirección contraria a donde ibas.
- Enfrentar la verdad.
- Desear ser enseñado y guiado.
- Volverte a conectar interiormente.

Pensamiento:

Volver en sí es estar más cerca de ti mismo y de Dios.

Salvación en el chiquero

El hijo perdido (Lucas 15:11-32)

Existe una teología acerca de la salvación que establece que una vez eres salvo mediante tu confesión y declaración de fe, tus pecados pasados, presentes y futuros han sido perdonados. Sin importar, a partir de ese momento como administres tu vida.

Garantizar salvación cuando hay obstinación, rebeldía contra Dios y ausencia prolongada de la casa del Padre, es peligroso e irresponsable. Peligroso porque es asumir el papel de Dios, e irresponsable porque otorga un boleto en blanco a alguien que está aprendiendo a vivir con pautas y límites. Más allá de los causales que precipitan una adicción, Dios ve el corazón y conoce al humilde como también al altivo y al soberbio.

Bajo cualquier circunstancia, siempre será mejor regresar a la casa del Padre, quien limpia, pone vestidos nuevos y el anillo que garantiza todos los derechos de hijo. El llamado divino es a estar a cuenta, a la reconciliación, a volverse de los malos caminos. La eternidad es un asunto serio.

Para reflexionar:

Ciertamente, si habiéndose ellos escapado de las contaminaciones del mundo, por el conocimiento del Señor y Salvador Jesucristo, enredándose otra vez en ellas son vencidos, su postrer estado viene a ser peor que el primero. (2 Pedro 2:20 RVR1960)

Pensamiento:

Si pudiendo hacer las cosas bien no lo hacemos, entonces es asunto de rebelión y una conducta que no se puede excusar diciendo que «*nadie es perfecto*».

El aguijón de pablo el apóstol

Y para que la grandeza de las revelaciones no me exaltase desmedidamente, me fue dado un aguijón en mi carne, un mensajero de Satanás que me abofetee, para que no me enaltezca sobremanera...
(2 Corintios 12:7 RVR1960)

No se ha podido aclarar con exactitud a qué se refería el apóstol con el término «aguijón en mi carne». Su aguijón era un mensajero de Satanás y eso siempre está relacionado a cosas desagradables. Aquello había sido dado, él no lo había buscado y mucho menos deseado. Era una espina que desangraba las fuerzas de su humanidad y le servía de plomada para mantener su orgullo controlado.

Este peculiar *talón de Aquiles* del apóstol le hacía débil, pero era a la vez el trampolín que lo lanzaba a los brazos de Dios en busca de fuerzas y gracia. Ciertamente, todo mensaje y mensajero que viene de Satanás tienen la encomienda de hacer decaer el ánimo, y un ánimo decaído producirá una plegaria a Dios.

Para el apóstol, debió ser una situación difícil enseñar acerca del poder ilimitado de Dios y no tener la capacidad de resolver su problema. Su experiencia es hoy de aliento a quienes batallan con cosas indeseables por las cuales a pesar de haber orado no se resuelven. Cosas tan desagradables como una condición médica, o una falla de carácter cuya molestia sería como sentir que Satanás abofetea el rostro.

Pensamiento:

¿Podría compararse los reclamos de una adicción a un aguijón en la carne? ¿Existen causas físicas en una adicción?

Para reflexionar:

Un aguijón en la carne no debe ser más fuerte que la determinación de seguir al Señor.

Ocúpate en la lectura

Entre tanto que voy, ocúpate en la lectura, la exhortación y la enseñanza. (1 Timoteo 4:13 RVR1960)

Los cinco sentidos son puertas por medio de las cuales adquirimos el conocimiento y nos comunicamos. Cuando uno o más de esos no operan adecuadamente, los otros se desarrollan compensando al faltante. Un ejemplo de ello es Helen Keller, quien a pesar de haber desarrollado ceguera, sordera e incapacidad de hablar cuando era niña por causa de una enfermedad, llegó a ser una reconocida conferencista y escritora.

Hoy en día, a diferencia del siglo pasado, no existe prácticamente ningún impedimento para quien desea aprender. Los libros impresos, electrónicos, parlantes y el sistema Braille, están accesibles; y siempre estará al alcance la reflexión y el dialogo con gente con más experiencia de quien se puede aprender. Hay que destacar que para aprender hay que tener la actitud para lograrlo. Para aprender hace falta tener curiosidad y deseo de ser enseñado; actitudes importantes para quien está saliendo de una adicción.

Cuando se trata de leer, lo más difícil es empezar. Una vez se ha superado ese momento y nos hemos enganchado en la curiosidad y el interés del tema, hay posibilidad de terminar. La lectura de un buen libro distrae la mente de pensamientos negativos, sirve a hacer buen uso del regalo de la imaginación y ayuda a desarrollar la destreza de la concentración, de memoria y análisis.

Pensamiento:

Elige temas de tu interés y un tiempo del día para leer.

Para reflexionar:

La medida de tu conocimiento es la misma medida de tu libertad. La ignorancia es la peor esclavitud; no basta con lo que escuchas en los centros de rehabilitación y los grupos de apoyo.

Conversemos sobre espiritualidad, rehabilitación y fe cristiana

Acerca del bautismo

Porque somos sepultados juntamente con él para muerte por el bautismo, a fin de que como Cristo resucitó de los muertos por la gloria del Padre, así también nosotros andemos en vida nueva. (Romanos 6:4 RVR1960)

El bautismo es un evento en la vida, pero andar en nueva vida es un ejercicio diario de relación y de compromiso con Dios. Haber sido bautizado en cualquiera de sus modalidades no significa automáticamente vida nueva. Ser sepultado, morir y resucitar, de lo cual es símbolo el bautismo, son etapas de obediencia y madurez.

Cuando se habla de estar sepultado pensamos en una semilla, o en un feto que aguardan el momento de nacer a una vida nueva. Pensamos en un tiempo de espera y de silencio en el que se comienzan a formar las circunstancias de una nueva vida. El tiempo de permanecer sepultado es el tiempo necesario para morir. No se trata de horas y de minutos, sino de conocimiento espiritual de las Escrituras y relación con el Señor Jesús.

Se puede vivir bajo la sombra del Evangelio por un número incontable de años teniendo un corazón de piedra. Haciendo, hablando y pensando como hablan los cristianos, pero lejos de una relación de obediencia personal con el Señor Jesús. Preguntándose por qué la vida es tan ausente de gozo y de presencia de Dios. Quejosos, sedientos, hambrientos y sin una visión del para qué fueron alcanzados por Dios.

Pensamiento:

El bautismo es un memorial para recordar el día en que voluntariamente fuimos sepultados para morir y vivir para Él.

Uno que ha muerto

Así también vosotros consideraos muertos al pecado, pero vivos para Dios en Cristo Jesús, Señor nuestro. (Romanos 6:11 RVR1960)

Uno que ha muerto:

- Tolera la ofensa.
- El rechazo no lo quiebra.
- Busca la honra del otro antes que la suya.
- Depende de la vida de Jesús; no tiene vida en sí mismo.
- Es olor fragante para Dios y olor de muerte para el mundo.
- Vive con lo necesario renunciando a lo que quiere.
- Conserva su voluntad pero rendida.
- No actúa ni piensa por su cuenta.
- No tiene luz propia, su luz es la de Jesús.
- Desea ardientemente ser guiado.
- Entregó su vida para vivir la vida mejor de Jesús.
- La muerte física le es ganancia.
- No vive para sí, sino para servir al Señor Jesús.
- Disfruta la sujeción a una autoridad.
- Vive en el poder del Hijo de Dios.
- No es esclavo del pecado.

Pensamiento:

Uno que ha muerto es como alguien que durmiendo pierde el poder de retención, la facultad de sus movimientos y de obrar.

En el desierto

...estos cuarenta años en el desierto para afligirte, para probarte, para saber lo que había en tu corazón... (Deuteronomio 8:2b RVR1960)

El desierto:

- Es un lugar de prueba.
- Un lugar intermedio entre la esclavitud del faraón y la heredad prometida.
- Donde se libran los más feroces y decisivos combates entre el hombre natural y el espiritual.
- Es donde el Alfarero coloca su mesa de trabajo.
- El lugar en donde la fe es probada.
- Es el tiempo de conocer lo que hay en el corazón; si vas o si no vas a servir a Dios.
- Es donde dependes de la provisión de Dios cada día.
- Es la más tediosa e incómoda parte del viaje.
- Es donde más necesitarás ser guiado y enseñado.
- Es donde la obediencia viene a ser la más importante condición para mantenerte vivo.
- Es el terreno de combate donde Satán y sus demonios tienen más éxito.
- Donde aprendes a prescindir de lo que quieres para vivir con lo que necesitas.
- Es el lugar donde los ángeles de Dios sirven.
- El lugar donde se aprenden las formas, la mentalidad y las costumbres de los hombres libres.

Pensamiento:

El desierto es una parte del camino a la libertad.

Para reflexionar:

Pero he aquí yo la atraeré y la llevaré al desierto, y hablaré a su corazón. (Oseas 2:14 RVR1960)

Hambre, soledad y cansancio

Y después de haber ayunado cuarenta días y cuarenta noches, tuvo hambre. Y vino a él el tentador, y le dijo: Si eres Hijo de Dios, di que estas piedras se conviertan en pan. (Mateo 4:2, 3 RVR1960)

Hambre, soledad y cansancio; son tres situaciones de vida que avivan la falsa creencia de que un poco de placer te hará sentir mejor. Son situaciones que causan mayormente dolor emocional. Usualmente sufrimos una de estas, pero no las tres al mismo tiempo como probablemente sufrió el Señor Jesús al finalizar su tiempo de ayuno en el desierto. Momento que Satanás consideró adecuado para lanzar su ataque, en que los reflejos y la capacidad de razonamiento se reducen.

Jesús demostró que los principios espirituales de dependencia de Dios deben prevalecer por encima de las soluciones fáciles, improvisadas y de fuentes dudosas. La invitación a convertir piedras en pan no se trataba exactamente de pan. Si Jesús hubiera convertido piedras en pan, hubiera terminado adorando a Satanás, que era el objetivo final del encuentro.

La trampa de una adicción comienza con una oferta inofensiva para sobrellevar un tiempo de crisis. Y termina poniendo de rodillas con más hambre, más cansancio, más soledad y con poca posibilidad de salir del desierto. El Señor enseña con su ejemplo la importancia de no actuar impulsivamente en momentos de crisis.

Para reflexionar:

Hay que pedir a Dios que nos guie a la puerta de salida correcta y nos aleje de las salidas equivocadas en momentos de crisis.

Pensamiento:

El alimento fácil del placer del pecado te separa de Dios.

Conversemos sobre espiritualidad, rehabilitación y fe cristiana

Deseos engañosos

En cuanto a la pasada manera de vivir, despojaos del viejo hombre, que está viciado conforme a los deseos engañosos... (Efesios 4:22 RVR1960)

Ejemplos de deseos engañosos

Identifica los deseos engañosos en las siguientes declaraciones:

- «Las cosas me han salido tan mal porque no he encontrado verdaderos amigos con quien compartir y tal vez hoy encuentre a alguien así».
- «Me han engañado y han sacado ventaja por mi falta de experiencia; por tanto, debería seguir intentando».
- «Es que no he estado en el lugar correcto; un lugar donde no tenga riesgos, donde me respeten, me traten bien y me consideren».
- «Si la gente supiera lo mucho que he sufrido entenderían el porqué de mi adicción».
- «Cuando me mude de vecindario, las cosas serán distintas».
- «Es mi herencia familiar».
- «Me relaciono mejor con gente de la calle que con mis familiares».
- «Me siento solo».
- «Podría perderme una oportunidad que no tendré otra vez».
- «Es un derecho que me he ganado».
- «No estoy listo aún».
- «Tengo coraje y es la manera de sacármelo».
- «Es algo que a nadie le incumbe».

Pensamiento:

No hay que engañarse, ni justificar un día más en adicción.

Una nueva familia; la familia de Dios

Por lo tanto, ustedes ya no son extraños ni extranjeros, sino conciudadanos de los santos y miembros de la familia de Dios. (Efesios 2:19 NVI)

Los niños adoptados pasan por un período de ajuste cuando llegan a las nuevas familias que los acogieron. Los primeros días en el nuevo hogar todo marcha de maravillas, hasta que comienzan a darse cuenta que allí existen normas y que los nuevos padres hacen las cosas de manera diferente. Hablamos de horarios de comer, de dormir, de bañarse, de estudiar y otras un poco más complejas como los modales.

Dios entregó a nuestros padres biológicos el encargo de nuestra concepción y crianza por unos años. Luego esa herencia volvería a Dios mediante la revelación del Evangelio para cumplir las obras para las cuales fuimos predestinados.

Nuestros padres devolvieron al Padre a un ser espiritualmente muerto; a hijos desobedientes que necesitaban aprender a obedecer. Entregaron hijos con conceptos del amor, del placer, de lo importante, y de límites, incorrectos. Heredamos una visión de familia donde se practicaba poco o ningún temor a Dios, y no existían modelos claros.

No importa lo bueno que haya sido nuestro hogar; nuestros padres fallaron en lograr las expectativas de Dios. Por eso, nos adopta para que seamos miembros de su familia, nos compra con el precio de la sangre de su Hijo y redime como una herencia que había estado perdida y muerta. En esta nueva familia se aprende un nuevo sistema de vida, como sería un nacer de nuevo. No es una familia perfecta, pero es buena y se pueden encontrar gente que nos edifican y alientan a ser mejores para la gloria de nuestro Padre.

Para reflexionar:

Porque Dios nos ha dado el derecho de ser hijos, Jesús nos llama hermanos y no siente vergüenza de ello (referencia a Hebreos 2:11).

Áreas de identificación con el Señor Jesús

...quien cuando le maldecían no respondía; cuando padecía, no amenazaba, sino encomendaba la causa al que juzga justamente; y por cuya herida fuisteis sanados. (1Pedro 2:23, 24b RVR1960)

El Señor Jesús es además de salvador, amigo. Y como ocurre con los amigos que se admiran, hay un deseo de imitarlos y de identificarse con ellos.

Es posible identificarse con el Señor en lo siguiente:

- Fue abandonado por los suyos.
- Su proceso judicial fue ilegal e injusto.
- Siguió confiando en Dios a pesar de la maldad que veía.
- Su soledad durante el proceso de apresamiento, juicio y muerte.
- La falta del apoyo de su padre (probablemente José había muerto).
- La vergüenza pública (le despojaron de sus ropas).
- Viendo y escuchando a testigos falsos hablar mentiras sobre Él.
- En su paciencia mientras esperaba que todo pasara.
- La traición.
- El zarandeo espiritual.
- Sintiéndose menospreciado a pesar de haber dado lo mejor de sí.
- Viendo la duda en quienes habían creído en Él.
- En el quebranto físico y emocional.
- En la angustia.
- Rechazando el uso de químicos para acelerar el proceso de muerte.
- Siendo un hombre digno pero tratado como un criminal.

La raíz del asunto

Ya que la raíz del asunto se halla en mí. (Job 19:28b RVR1960)

¿Has considerado que la raíz del problema que te abate no esté afuera sino dentro de ti? Es una verdad natural que: cual es la raíz, así es el árbol. Una raíz enferma, escasa y sedienta se hará notar en la cantidad y la calidad de los frutos del árbol. La crisis en la raíz de un árbol no se soluciona cortando las ramas, adornándolas o colocando frutas artificiales.

Para sanar las raíces hay que trabajar con el terreno. Es posible que estés sembrado en el terreno de las justificaciones, de la rebelión, la amargura, falta de fe, frustración, apatía y falta de valor. Dado el caso, se necesitará la ayuda de un labrador experto en terrenos, a ver lo que está ocurriendo en el tuyo. Dios es el experto labrador que hace revivir la vida de sus hijos.

Ciertamente, nunca estaremos libres de contaminantes en el terreno de nuestra vida. Siempre habrá cosas que mejorar, otras que pueden ser sanas y otras con las cuales hay que aprender a vivir con dignidad para que no nos controlen. Ahora bien, existe una diferencia entre el que comenzó el proceso y quien se niega a empezar. Esa diferencia consiste en que uno trabaja en el proceso, mientras que el otro pasa la vida echando culpas, justificándose, sin saber qué hacer, dónde buscar y la manera de alcanzar alguna medida de salud.

Pensamiento:

La semilla del Evangelio es buena.

Para reflexionar:

Medita en las maneras en que Dios remueve el terreno de la vida.

Vida nueva

...a fin de que como Cristo resucitó de los muertos, por la gloria del Padre, así también nosotros andemos en vida nueva. (Romanos 6:4b RVR1960)

El verdadero nuevo año comienza en la fe de que Cristo resucitó, y brinda a quienes creen en Él, la oportunidad de iniciar una nueva vida. Es una falacia decir que las cosas serán diferentes por causa de un cambio numérico en el calendario. Que lo viejo permanecerá en el pasado y que las cosas nuevas vendrán. La víspera de la llegada de un nuevo año es un tiempo en que se hacen promesas que generalmente son olvidadas demasiado rápido.

Al no cumplir con lo que dijeron que iban o no iban a hacer, sobreviene la frustración, el coraje, la decepción y el sentimiento de impotencia. Sin embargo, y a pesar de no haber logrado el objetivo que se buscaba, el próximo año harán nuevamente el mismo ritual de promesas con iguales o peores resultados.

En la resurrección de Cristo hay esperanza de una vida nueva. Los verdaderos cambios comienzan a ocurrir y se perfeccionan con un cambio de actitud hacia el Señor Jesús. Creer que un nuevo año servirá a la aspiración de una vida nueva es una fantasía. El verdadero nuevo tiempo comienza a contar a partir del momento en que los pecados son perdonados. Y una nueva página comienza a ser escrita en la conciencia y en el corazón del libro de nuestra vida. La única y nueva vida es a través del Señor Jesús.

Pensamiento:

Solo puede producirse una vida nueva si ha habido alguna forma de muerte.

Para reflexionar:

Solo la sangre y el perdón del Señor Jesús tienen el poder, no solo de perdonar, sino de limpiar la conciencia de obras muertas y hacer un nuevo archivo de vida.

No rehuyas sufrir

Tú, pues, sufre penalidades como buen soldado de Jesucristo. (2 Timoteo 2:3 RVR1960)

Sufrir penalidad es un ejercicio para lo cual se necesita el valor de un soldado. Quien sufre aguanta, resiste, espera con paciencia y no pierde la esperanza. Nadie busca sufrir, se trata de una situación de vida que llega a todos. Quien se somete al proceso con una buena actitud está mirando a lo lejos un bien.

Hay un tiempo razonable para que el sufrimiento termine. Es decir, que se puede saber lo que lo ocasionó y una idea de cómo resolver el conflicto; y durante la experiencia de uno y lo otro se puede desarrollar virtudes como la humildad y la paciencia.

En el sufrir es puesto a prueba el nivel de frustración, el manejo de la ira y el grado de madurez. Sufrir es una emoción que puede aceptarse o eludirse. Se acepta cuando es enfrentado sin negociar las convicciones. Se elude cuando se recurre al placer de una adicción.

El guerrero soldado no solo contiende en el ámbito de las relaciones personales, sino por su fe. Sabe que está enfrentando a poderosas fuerzas que procuran hacer que desista. Mantener la posición de lealtad y fidelidad al Señor Jesús, lo eleva en categoría de discípulo a soldado.

Si lo que ocasiona el sufrimiento impide avanzar, tampoco hay que retroceder. Ciertamente sufrir lleva a un conocimiento más real acerca de la vida, de Dios y de sí mismo.

Pensamiento:

Has sido llamado no solo a ser discípulo, sino también a ser soldado.

Para reflexionar:

Algo bueno de este ejército, es que aunque se pierdan algunas batallas hay garantía de ganar la guerra.

Decisión:_____

Dijo toda la verdad

Entonces la mujer, temiendo y temblando, sabiendo lo que en ella había sido hecho, vino y se postró delante de Él y le dijo toda la verdad. (Marcos 5:33 RVR1960)

Aquella mujer no debía estar entre la gente que seguía al Señor. Su enfermedad era un estigma social y en lo religioso era considerada inmunda. Caminando de forma lenta debido a la natural debilidad causada por su enfermedad de sangrado, se abrió paso entre la multitud. Nada ni nadie la detuvo hasta que llegó donde se encontraba el Maestro. Esa mujer de la cual no se sabe el nombre, tenía fe, confianza y esperanza de ser sanada. No sabía exactamente cómo sucedería, pero decía dentro de sí que con tan solo tocarlo recibiría el milagro; y así ocurrió.

Viéndose sanada, su anonimato no tuvo sentido y postrada dijo a todos su verdad. ¿Qué verdad? ¿Acaso habrá expresado coraje, culpado a alguien, o quejado en relación con sus intentos fallidos por alcanzar la salud? No se sabe cuál fue la verdad que ella expresó. Lo que se sabe es que era una mujer valiente, con una idea clara sobre quién era el Señor y de lo que podía esperar de Él.

La gratitud de aquella mujer fue mayor que su temor a ser rechazada. Su verdad y su fe tocaron de tal manera al Señor Jesús, que no solo le concedió su salud, sino que recibió de Él salvación y paz. Hasta el día de hoy aquella mujer es más conocida por el milagro recibido que por su enfermedad.

Para reflexionar:

En algún momento una adicción dejará de ser privada, y habrá que vencer el temor al prejuicio y el estigma social para llegar a Dios.

Legalismo

¡Guías ciegos, que coláis el mosquito, y tragáis el camello! (Mateo 23:24 RVR1960)

Se conoce como legalismo, al énfasis de la observancia de las leyes y mandamientos sobre el amor y la misericordia como medio de agradar a Dios. El legalismo se sustenta en el orgullo y reúne características y cuadros de conducta parecidos a los de una persona en adicción:

El legalismo:
- Es un crecimiento detenido.
- Es una deuda que sigue sumando interés.
- Es un hoyo a donde llega poca luz.
- Es una fuente seca.
- Hace obras para ser.
- Posee una falsa y confusa identidad.
- Es una prisión espiritual.
- Le es difícil confiar.
- Tiene colegas; no exactamente amigos.
- Es peligrosamente orgulloso.
- Tiene poco cuidado de su familia.
- Es una rama alejada del tronco.
- Tiene pensamientos muy obsesivos.
- Se mueve de un extremo emocional a otro.
- Vive gran parte del tiempo fuera de la realidad.
- Es una casa sin puertas ni ventanas.
- Pretende tener todas las respuestas.
- Es una cadena amarrada al pasado.
- Le es muy difícil dar y recibir amor.
- Es un camino dentro del Camino.
- Es la cruz sin Jesús.

Pensamiento:

El legalismo es la forma religioso-adictiva del cristianismo.

Firme

No te impacientes a causa de los malignos, ni tengas envidia de los que hacen iniquidad. (Salmos 37:1 RVR1960)

Existe gente que las cosas les salen tan bien cuando hacen mal, que podrían despertar la envidia de quien los observa. Son astutos y parecen estar siempre un paso adelante, luego se jactan relatando sus historias de desobediencias y falta de juicio. ¿Qué sientes y piensas cuando escuchas y los ves en camino a buscar de lo que un día participaste? ¿Sientes el impulso de ir con ellos? Son pensamientos realmente abrumadores que, si no se toma acción acerca de ellos, terminarán guiando por un camino desconocido.

En esos momentos emocionalmente fuertes, hay que recordar el para qué y a dónde se dirigen realmente esas personas. Aunque se mueven con ligereza, son esclavos que arrastran una cadena atada a su cuello y a sus pies. No se dirigen a comprar sueños sino pesadillas. Van a un lugar más profundo en el mundo de las tinieblas y a un pozo de aguas traicioneras.

Lo primero que encontrarán en esas aguas aparentemente tranquilas, es un anzuelo que les capturará. En la segunda y la tercera zambullida, el anzuelo se convertirá en una pesada argolla a la cual se unirán nuevos y más grandes eslabones. No hay nada en esas personas ni nada que posean con el suficiente valor capaz de despertar envidia.

Para reflexionar:

Porque como hierba serán pronto cortados y como hierba verde se secarán. (Salmos 37:2 RVR1960)

Pensamiento:

Explica por qué la impaciencia y la envidia pueden cambiar la manera en que ves las cosas, poniendo en riesgo lo que has logrado en rehabilitación.

Examíname, oh Dios

Examíname, oh Dios, y conoce mi corazón; pruébame y conoce mis pensamientos; y ve si hay en mí camino de perversidad, y guíame en el camino eterno. (Salmos 139:23, 24 RVR1960)

¿Cómo estar seguro de que la percepción que tenemos de las cosas que nos rodean es verdaderamente lo que pensamos que es? No importa cuánto nos esforcemos en fijarnos, en palpar, escuchar; casi siempre al final descubrimos que no nos dimos cuenta o fuimos engañados en un detalle, tal vez el más importante.

Consciente o inconscientemente, decidimos la alternativa más fácil, la menos costosa, la que genera menos conflicto y que está fuera de la voluntad de Dios. Y después de decidir nos preguntamos si fue la mejor elección, porque los procesos de madurez no se detienen.

La percepción de lo que nos rodea está relacionado al conocimiento y la experiencia de vida. Esto es, que en lo que interpretamos y practicamos hay alguna medida de perversidad. Y el salmista, como nosotros, que era una persona que deseaba agradar a Dios, oró para que lo examinara, lo probara y lo guiara. Porque deseaba ardientemente que su razonamiento y su camino fueran de acuerdo con los pensamientos superiores y los caminos de Dios.

En el transcurso de la vida, seremos probados por gente mal intencionada y por buenos que procurarán medirnos con bondad y misericordia. Sin embargo, el examen de Dios es mejor porque incluye, además de su corrección, una guía en el camino que comienza aquí, pero prosigue hacia lo eterno.

Pensamiento:

Oh Dios; examíname, conoce, pruébame y guíame en el camino eterno.

Para reflexionar:

Medita y ora en relación con aquellos pensamientos que deben ser probados y cambiados.

Sé agradecido

*Y al entrar en una aldea le salieron al encuentro diez hombres leprosos...
(Lucas 17:12a RVR1960)*

Entonces uno de ellos, viendo que había sido sanado, volvió, glorificando a Dios a gran voz. (Lucas 17:15 RVR1960)

Y le dijo: Levántate, vete; tu fe te ha salvado. (Lucas 17:19 RVR1960)

En opinión de muchos, una adicción es un mal incurable como la lepra y un mal hábito despreciable por la larga lista de problemas que acarrea. Tan serio, que un juez tiene la opción y el poder de separar a la persona de su familia.

Los leprosos de la historia bíblica, sabían que no había cura para su mal y que su futuro sería morir leprosos. No había esperanza de ser sanados ni en los médicos ni en la religión de la época.

Cuando este grupo de hombres desahuciado oyó que Jesús había sanado a muchos, se pararon de lejos y le dijeron —¡Jesús, Maestro, ten misericordia de nosotros! —Entonces Jesús les contestó diciéndoles que fueran al templo; ¡el lugar donde primeramente habían sido rechazados! El Señor no prometió en ningún momento sanarlos ni ninguna otra dádiva ni para ellos ni para sus familias; no obstante, obedecieron.

Ocurrió que mientras iban, la lepra fue desapareciendo milagrosamente de ellos. Ante este extraordinario milagro, ¿no se suponía que los diez regresaran a dar gracias? Pero no ocurrió así, solo uno de ellos regresó y se postró agradecido ante el Señor por el bien recibido.

No importa si a los nueve les fue bien, le fue mejor al que regresó agradecido porque alcanzó la salvación.

Pensamiento:

Cuando te sientas libre de tu adicción y disfrutando una nueva vida, no olvides a Dios.

Hijo de luz

Porque en otro tiempo erais tinieblas, más ahora sois luz en el Señor; andad como hijos de luz. (Efesios 5:8 RVR1960)

¿Te acuerdas cuando preferías las tinieblas a la luz? ¿De aquellos días en que a pesar de la luz solar veías el mundo envuelto en una gruesa y oscura cortina que te alejaba de todos? Tú mismo cargabas en tu alma y en tu mente las tinieblas. No veías más allá de tu adicción. En ti no había indicio alguno de luz que te ayudara a encontrar el camino al sano juicio.

Pero ese fue otro tiempo. Un tiempo malo que cambió desde el momento que recibiste en tu corazón al Señor Jesús. Cuando abriste la puerta de tu voluntad, Él entró y te llenó y te rodeó con su luz. El resultado de ello fue un nuevo nacimiento que te permitió respirar un nuevo aire y ver un mundo con más color y alegrías.

Seguramente alguna persona notó el cambio y te dejó saber que podía ver en tu rostro un brillo y una luz diferente. Porque ser luz es algo que no se aprende, ni se copia; ser luz es fruto de tener un corazón limpio que aspira a alcanzar una buena conciencia. Y todo por gracia, sin merecerlo, por su gran amor con que nos amó. Renunciar a las tinieblas es una decisión diaria, la decisión de hacer las cosas que mantienen en sano juicio.

Pensamiento:

El Señor Jesús es la luz que alumbra cada espacio de tu mundo interior.

Para reflexionar:

Dibújate siendo tinieblas y otro dibujo siendo luz.

Pozo o manantial

—Señor, ni siquiera tienes con qué sacar agua, y el pozo es muy hondo: ¿de dónde vas a darme agua viva? (Juan 4:11 DHH)

Jesús le contestó: —Todos los que beben de esta agua, volverán a tener sed; pero el que beba del agua que yo le daré, nunca volverá a tener sed. Porque el agua que yo le daré se convertirá en él en manantial de agua que brotará dándole vida eterna. (Juan 4:13, 14 DHH)

En alguna etapa y momento de la vida, todo ser humano experimenta una clase de sed que no puede saciar con el agua de un pozo. Es el tiempo en que la gente se medica, buscan respuestas en las ciencias ocultas y en los excesos. La sed se hace mayor cuando buscan saciar su sed en el pozo de una adicción, donde las aguas son tóxicas y contaminadas.

Es terrible andar por la vida con sed cavando en un pozo de aguas contaminadas. Confundiendo el sentirse satisfechos con una clase de placer que, en vez de aminorar la sed, la aumenta. Situación que hará que las visitas al pozo sean cada vez más frecuentes y urgentes.

La mujer samaritana tenía sed de ser amada, y Jesús supo de inmediato su necesidad. Había tenido cinco maridos, y el que tenía en esos momentos tampoco era de ella. Había estado cavando en el pozo de la estima, la dignidad, de sentirse protegida y amada en vano. El Señor la escuchó y al final de la conversación le ofreció agua viva para que no tuviera nunca más sed.

Jesús tiene el agua viva que verdaderamente sacia la sed que los pozos contaminados y secos no pueden suplir. Agua que prepara para afrontar las crisis de la vida con esperanza y fuerza interior.

Oración:

La mujer le dijo: —Señor, dame de esa agua, para que no vuelva yo a tener sed ni tenga que venir aquí a sacar agua. (Juan 4:15 DHH)

De ser como Jesús

Sed imitadores de mí, así como yo de Cristo. (1 Corintios 11:1 RVR1960)

El ser humano aprende imitando. Los niños imitan, los estudiantes, los deportistas y los cristianos aprenden imitando a Cristo. Los primeros creyentes debieron ser copias casi exactas del pensamiento y el carácter del Señor. Su recuerdo debió ser como un fuego ardiente en sus mentes y en sus corazones. Ni siquiera la feroz persecución de los religiosos y el imperio opacaron su visión ni su fuerza. Su identificación con el Señor Jesús era tal, que consideraban un privilegio sufrir y morir por Él.

Pasado el tiempo las copias comenzaron a reproducirse de una manera no tan exacta. La pureza de las enseñanzas y la visión sobre quién era el Señor cambiaron. El espíritu del mandamiento se desvirtuó, el hombre se hizo señor de su camino y la sencillez del Evangelio fue cambiado por ceremonias, dogmas y mandamientos de hombres.

Pasados más de veinte siglos, nos preguntamos: ¿Cuánto nos parecemos a aquellos primeros cristianos? ¿Somos seguidores de Cristo o lo somos de filosofías cristiano–religiosas? El apóstol nos dice que la mejor manera de lograrlo es yendo a la primera fuente —imítenme a mí como yo imito a Cristo.— Y para imitar a Cristo hay que leer la Biblia, en especial los Evangelios que registran su vida, y mantener una relación con Él. Jesús dijo:

Escudriñad las Escrituras; porque a vosotros os parece que en ella tenéis la vida eterna; y ellas son las que dan testimonio de mí... (Juan 5:39 RVR1960)

Ahora, como en aquel entonces, muchos de sus seguidores ofrecen una mala imagen de Él. Tal vez por la poca o ninguna relación con Él o porque se piensan tan buenos que no necesitan imitarlo.

Para reflexionar:

Piensa en tres detalles del carácter y el estilo de vida del Señor que pueden ayudar en el proceso de rehabilitación.

Conversemos sobre espiritualidad, rehabilitación y fe cristiana

Lo que significa decidir

Y si mal os parece servir a Jehová, escogeos hoy a quien sirváis… pero yo y mi casa serviremos a Jehová. (Josué 24:15a,c RVR1960)

Decidir es:
- Una acción.
- Romper el patrón.
- Aceptar la responsabilidad de la acción a tomar.
- Abrazar el riesgo.
- Dejar de esperar.
- Dejar de depender.
- Cosa de adultos.
- Actuar en valor aunque sienta temor.
- Que el sí es un sí y el no es un no.
- Extenderse al futuro.
- Crecer emocionalmente.
- Aceptar la soledad relacionada.
- Sembrar una nueva semilla.
- Dar la espalda.
- Despertar del letargo.
- Una forma de morir y renacer interiormente.
- Comenzar a andar un nuevo camino.
- Un acto de descubrimiento.
- No ver atrás.
- Un acto de fe.
- Abandonar el área de comodidad.

Escribe lo que significa para ti decidir: _____
_____
_____
_____

El amor nunca deja de ser

El amor nunca deja de ser... (1 Corintios 13:8a RVR1960)

Dios es amor; y el que permanece en amor, permanece en Dios, y Dios en él. (1 Juan 4:16b RVR1960)

Hay buenas noticias para quien quiere recuperar a sus seres queridos: ¡el amor nunca deja de ser! No todo está perdido. Solamente hay que cambiar la forma de hacer las cosas. No se puede hacer avivar el amor con exigencias, reclamos, echando a otro(a) culpas, sin aceptar responsabilidad personal en el problema.

El amor es una cálida cobija; es la decisión de buscar el bien del (de la) otro(a). Es agradar, sonreír, abrazar, hablar bien, ayudar y ser transparente. No importa el tiempo que tome recuperar la confianza, edificar, restituir y conciliar; el amor es la fuerza y el medio de lograrlo.

Si rehúsan escuchar y cierran las puertas a un sincero esfuerzo, el amor seguirá siendo la llave más segura para entrar. No hay que enojarse ni abandonarlos. La familia es la herencia que no se puede evitar ni destruir. Es camino de una sola vía a la siguiente generación.

Para entrar a tu casa existen dos puertas. Por una de ellas puedes entrar con una mala actitud, enojado, sin tolerancia. Y por la otra puedes entrar con la decisión de ser amoroso, llevadero, expresando de las maneras que sabes tu amor. Antes de entrar a estar con los tuyos, haz una oración en silencio y dedica ese tiempo a Dios; verás la diferencia.

Pensamiento:

Amar es una decisión que se origina en la mente y el corazón disfruta.

Para reflexionar:

Escribe el nombre o los nombres de las personas que piensas que necesitan que les demuestres amor.

Conversemos sobre espiritualidad, rehabilitación y fe cristiana

Si hubieses estado aquí

Y Marta dijo a Jesús: Señor, si hubieses estado aquí, mi hermano no habría muerto. (Juan 11:21 RVR1960)

Lázaro, el amigo de Jesús, ha muerto. El Señor ha llegado cuando no hay nada que hacer. El reclamo de Marta es legítimo —Si hubieses estado aquí… —Si hubieras estado aquí es la frase que en algún momento escuchaste o escucharás en los días de regreso a casa. Es un pase de factura por aquellas cosas que por causa de tu ausencia salieron mal o se estropearon.

Quien reclama parece olvidar que tu presencia no podía cambiar el curso general de las cosas. Tal vez si hubieses estado ahí las cosas hubieran sido peores. Hay reclamos legítimos, como el de no haberse esforzado a mantenerse en contacto con los familiares. Especialmente cuando se trata de los hijos que valoran entrañablemente que se acuerden de fechas importantes, como la del cumpleaños o su graduación.

El Padre Dios es el arquitecto de nuestro destino como lo somos en gran medida del futuro de nuestros hijos. Él utiliza lo bueno y lo malo que nos pasa a fin de lograr el elevado propósito de que confiemos en Él. Aun los niños merecen la oportunidad de ejercitar su fe. Ellos pueden desarrollar carácter y un conocimiento muy valioso sobre la vida con experiencias agradables y fáciles, como en aquellas que no lo son. Los niños pueden perdonar las fallas de los padres, lo que les confunde es percibir que no son amados.

Pensamiento:

Tú no estabas en casa, pero Dios sí.

Para reflexionar:

Explica cómo pueden haber padres que están físicamente presente en casa pero ausentes emocionalmente.

_____

_____

_____

Lo que verdaderamente vale

Por tanto os digo: No os afanéis por vuestra vida, qué habéis de comer o qué habéis de beber; ni por vuestro cuerpo, qué habéis de vestir. ¿No es la vida más que el alimento, y el cuerpo más que el vestido? (Mateo 6:25 RVR1960)

La recreación es un área que nuestros padres o las personas que nos cuidan se esmeran en atender. Algunas familias cuentan con grandes recursos, como podría ser un bote, viajar a otros países, comprar artículos costosos y mucho dinero para gastar. Hay otras familias que no tienen esos recursos; son gente trabajadora que vive de un salario módico. Con un presupuesto ajustado y muy comprometido.

Que nadie se equivoque, la vida misma es más importante que las riquezas. La bendición de compartir con la familia en paz es mejor que los suculentos manjares; y tener lo necesario, mejor que malgastar en vanidades y trivialidades. Sobre todo, la familia unida haciendo un genuino esfuerzo para que todos se sientan amados y a gusto.

La ganancia que se obtiene del trabajo honrado, es la medida para decidir acerca de la cantidad disponible para gastar. Porque al final, nuestros hijos recordarán más el día familiar en un parque, que la marca de ropa y calzado que llevaron puestos ese día.

No es posible pagar deudas de amor y atenciones hacia los hijos, comprándoles cosas tal vez fuera del presupuesto. Lo que se está haciendo es un intercambio equivocado. Una deuda que en vez de bajar aumenta, al punto de quedar un día sin forma de pagar.

Para reflexionar:

La definición de calidad de vida es mucho más que el buen vestido y las cosas que se compran con dinero.

Es mejor invertir en la gente que en las cosas. Conversa con tus hijos sobre la verdad de que lo que tienen es valioso, aunque no sea lo más caro.

Conversemos sobre espiritualidad, rehabilitación y fe cristiana

Contaminado con un poco

Un poco de levadura leuda toda la masa. (Gálatas 5:9 RVR1960)

Como un poco de levadura cambia en algo distinto un puñado de harina, así la contaminación que ocasiona una recaída. Tras un tropezón o una recaída, la primera reacción será tratar de resolver el asunto sin que nadie se entere, olvidando que en las relaciones personales hay un elemento espiritual del cual no podemos separarnos.

Tal vez los allegados no sepan los detalles, pero perciben que algo no está bien, y tendremos que verlos en algún momento y les bastará vernos para saber que tenían razón; que algo no está bien. Además del percibir, bastará un ejercicio sencillo de lógica matemática en que sumando el factor «tiempo de presencia», el entusiasmo perdido y poca disponibilidad dará el resultado que temían.

Una adicción activa es un peso adicional que altera todos los ámbitos de la vida; en una recaída, todo se contamina. Se contamina la confianza, las finanzas, las emociones y las relaciones, incluyendo por supuesto la relación con Dios.

La contaminación no se limpia ignorándola o haciéndose el disimulado. Tampoco minimizando lo ocurrido ni justificándolo o desentendiéndose de las consecuencias. Posponer el trabajo de limpieza hará que la contaminación sea mayor.

Pensamiento:

Un poco contamina todo.

Para reflexionar:

Medita en maneras en que una recaída contamina tu vida y la de los tuyos.

1. _____

2. _____

3. _____

Espíritu noble me sustente

Vuélveme el gozo de tu salvación, y espíritu noble me sustente. (Salmos 51:12 RVR1960)

La nobleza de carácter es una virtud. Una virtud que se fundamenta en el amor al prójimo. La falta de ella se puede notar cuando se procura adelantar una agenda personal a costa del bien de otro, o se guarda silencio ante la injusticia. Ese fue el caso de David y lo que lo llevó a pedir perdón a Dios y a orar para que le devolviera un espíritu noble.

La nobleza va más allá de los parámetros de lo que conviene y de los derechos personales. Una persona noble renuncia voluntariamente a un derecho para beneficiar a uno o a muchos. La nobleza no figura en la lista del fruto del Espíritu. Sin embargo, es entre todas las virtudes humanas, una joya que brilla con destellos de gran espiritualidad.

David sabía que el gozo era evidencia de haber restablecido su relación con Dios; con un espíritu noble que le daría la capacidad de relacionarse con sus semejantes saludablemente. En nuestros tiempos se habla más de anteponer lo propio al bien del otro. Quien se encuentra en medio de una adicción activa, le será difícil practicar alguna medida de nobleza por la naturaleza egoísta del problema. Un espíritu noble reduce los deseos egoístas y abre la posibilidad de trascender.

Pregunta para reflexionar:

¿En qué maneras puedes mostrar un espíritu noble?

Para reflexionar:

Piensa en tres características que distinguen a una persona con espíritu noble.

Oración:

Oh Señor, dame un espíritu noble.

Vergüenza de sí mismo, no por Dios

Porque no me avergüenzo del Evangelio, porque es poder de Dios para salvación a todo aquel que cree; al judío primeramente y también al griego. (Romanos 1:16 RVR1960)

Un padre que siente que su hijo siente vergüenza de él, tiene una idea de lo que Dios siente cuando sus hijos le niegan. Porque sentir vergüenza del Evangelio es avergonzarse de Jesús y de su Iglesia. Y es una clase de vergüenza que solo experimenta el creyente. Porque quien no lo es, no guarda dentro de él nada que le haga sentir tristeza y menos vergüenza.

No hay duda de que una recaída hace sentir vergüenza. Vergüenza por haber fallado a las promesas hechas, por haber despilfarrado dinero y verse en una situación tan lamentable nuevamente. Siente vergüenza por no haber podido cumplir metas para las cuales tal vez necesitaba más tiempo. Vergüenza de regresar a la iglesia, que la familia lo vea orando y leyendo la Escritura como solía hacer. Tolerando que le llamen entre otras muchas cosas: flojo, hipócrita, sin remedio; añadiendo en ello más culpa y más vergüenza.

En esos momentos hay que recordar que un maestro no desecha a un estudiante por haber fallado a un examen. Como tampoco el perder una batalla significa perder la guerra; ni perder una cosecha invalida la calidad del terreno. Por eso, el estudiante no debe abandonar la escuela; el soldado, continuar en el campo de batalla; y el que siembra, volver a hacerlo con esperanza.

Pues la Escritura dice: Todo aquel que en él creyere, no será avergonzado. (Romanos 10:11 RVR1960)

Para reflexionar:

No hay que confundir el sentir vergüenza de sí con sentir vergüenza de nuestra fe y nuestra esperanza.

Prisiones y cárceles

El espíritu del Señor está sobre mí, porque el Señor me ha consagrado; me ha enviado a dar buenas noticias a los pobres, a aliviar a los afligidos, a anunciar libertad a los presos, libertad a los que están en la cárcel... (Isaías 61:1 DHH)

...en el cual sufro penalidades, hasta prisiones a modo de malhechor; más la palabra de Dios no está presa. (2 Timoteo 2:9)

Hay personas cumpliendo condenas a causa de un sistema judicial imperfecto. Otros están allí porque cometieron delitos graves, y otro grupo mucho menor que prefirió estar por defender una causa y una convicción. La situación de estar físicamente en una cárcel no es lo mismo que sentirse preso. Hay distintas clases de cárceles, como la violencia, el maltrato, la pobreza, la falta de salud y una adicción. Todo aquel que se levanta en la mañana sintiéndose sin opciones, vive en una prisión.

El apóstol Pablo admite el haber estado en cárceles por causa de la predicación del Evangelio. Una cárcel era para él únicamente otro lugar geográfico en su llamado a evangelizar. Un lugar para crecer en su fe y dar testimonio a alguien que se encontrara allí sin esperanza.

El Señor vino a liberar al ser humano de la peor cárcel, que es la culpa. Brinda la oportunidad de vivir en libertad, la perfecta libertad espiritual que trasciende toda clase de limitaciones. Él es nuestra justicia y nuestra paz. Él sufrió el quebranto del sentido de estar prisionero, y venció sobre esas cosas para abrir un nuevo camino de libertad en su muerte y resurrección. Por la fe en Él es posible vivir en libertad.

Pensamiento:

La vida es más llevadera estando en una cárcel física y perdonado, que ser un prisionero en culpas y pecados estando en la libre comunidad.

No hay barrote tan alto que te impida llegar a Dios, ni tan profundo que te oculte de sus brazos y de su gracia.

Fracasados pero valientes

Y se juntaron con él todos los afligidos y todo el que estaba endeudado, y todos los que se hallaban en amargura de espíritu... (1 Samuel 22:2a RVR1960)

La cueva de Adulam se convirtió en un lugar de encuentro de gente necesitada. La crisis había separado a aquellos hombres de sus familias y de la sociedad. Cada uno de ellos representaba una historia, una tragedia de vida y muchas razones para perder la fe en Dios. Probablemente estaban haciendo uso de algún aliciente como el alcohol y las drogas en nuestros días. Aquella cueva oscura era el lugar apropiado para el lamento y la desesperanza. No eran gente mala ni criminales; eran personas a quienes la vida había golpeado. Sin embargo; y a pesar de la crisis, eran hombres valientes. Tal vez lo sabían y lo habían olvidado o ignoraban que tenían la cualidad.

Lo cierto es que despertaron a la realidad de que un valiente no se rinde. Un valiente pospone la resolución de conflictos personales para atender una causa más importante. David los sacó de su cueva emocional y personal para adelantar una causa y un nuevo propósito de vida. Es probable que no todos creyeran a la voz que les infundía esperanza y confianza. Los que no creyeron se quedaron y murieron en sus crisis. Los que sí creyeron lograron realizar hazañas tan memorables que hasta hoy son conocidos como «los valientes de David».

Pensamiento:

Es una opción de vida quedarse en una cueva o luchar por causas y propósitos. Dios despierta tu espíritu angustiado para que vivas y luches.

Acerca de rendir cuentas

Confesad vuestras ofensas unos a otros, y orad unos por otros para que seáis sanados. (Santiago 5:16a RVR1960)

El principio de rehabilitación acerca de rendir cuentas es un concepto bíblico. La Biblia registra numerosos casos en que Dios llamó a cuenta a sus hijos para que confesaran sus faltas y se sanaran. En el acto de declarar ante otro ser humano una debilidad, falta de juicio o cualquier otra falla de carácter, ocurren cosas extraordinarias.

Lo primero que empieza a sanar es el orgullo y el sentido de autosuficiencia. La confesión abre puertas a recibir ayuda; una ayuda que podría consistir en una información que no se tiene o que se olvidó. Una amonestación o un amigable regaño que produzca un despertar interior; sin olvidar la oración que produce consuelo, alivia la tensión e incluye a Dios en la solución del conflicto.

En el rendir cuenta no se espera que cuentes detalles que te hagan sentir indigno, únicamente lo que tenga que ver con los fallos en el proceso de rehabilitación. Quien tiene la paciencia de escuchar lo hace porque alguien lo hizo con él primero, y sabe que se trata de un tiempo decisivo en la vida de su amigo. Es mejor vivir con los brazos extendidos hacia la luz rindiendo cuentas, que con los puños en orgullo y ahogados en culpas.

Pensamiento:

El que encubre sus pecados no prosperará; mas el que los confiesa y se aparta alcanzará misericordia. (Proverbios 28:13 RVR1960)

Para reflexionar:

Mientras callé, se envejecieron mis huesos en mi gemir todo el día. (Salmos 32:3 RVR1960)

Al confesar...

Confesaos vuestras ofensas unos a otros, y orad unos por otros, para que seáis sanados. La oración eficaz del justo puede mucho. (Santiago 5:16 RVR1960)

Al confesar:

- Te liberas del coraje relacionado a la falta.
- Abres una puerta a la ayuda.
- Te haces vulnerable, lo que permite a Dios manifestar su poder en ti.
- Decrece tu orgullo.
- Construyes puentes de comunicación y de diálogo.
- Te ubicas del mismo lado de los mortales, el de la imperfección.
- Te identificas con Jesús quien se hizo débil —hombre— siendo Dios.
- Rompes el círculo de lo secreto en tu vida.
- Eres sabio y no necio.
- Permites que la cualidad y la virtud opuesta salga a la luz.
- Honras a Dios y a su verdad.
- Has tomado el camino correcto para ser sano.
- Cierras la oportunidad para que otra persona haga mal uso de tu falta.

Para reflexionar:

Confesar es un acto de valor y de nobleza de espíritu.

Homosexualidad y adicción

Si practicar la homosexualidad provoca en ti dolor existencial, sentido de vacío, falta de significado, y es una posible puerta a tu adicción; las siguientes sugerencias pueden ayudar.

1. Decide adorar al Señor Jesús. Nada ni nadie más debe hallarse entre tú y él.

2. Renuncia a lo secreto. Comparte tus inquietudes con un creyente maduro y compasivo que no te juzgue. Su punto de vista te ayudará a ver de una forma diferente lo que te atormenta.

3. Perdona al ofensor si fuiste molestado. Perdonar no significa exculparlo. Es la forma de liberarte de él y de colocarte en autoridad espiritual sobre lo ocurrido.

4. Trabaja un diario en el que escribas las emociones que experimentaste antes y después de cada relación. Usar adjetivos como: enojado, triste, rechazado, inadecuado, temeroso, y otros; ayudarán a identificar emociones negativas.

5. Considera que existen fuerzas espirituales que precipitan la conducta aprendida.

Pensamiento:

La libertad en Cristo es tan amplia que te permite elegir entre pecar y no hacerlo. Si no existe ese espacio que te permite elegir es que eres esclavo de la conducta.

Para reflexionar:

Una práctica que te haga sentir esclavo y dependiente, es tóxica y hace daño, aunque el gobierno lo apruebe como un derecho.

Porque no saben lo que hacen

Y Jesús decía: Padre, perdónalos porque no saben lo que hacen. (Lucas 23:34a RVR1960)

Los religiosos de la época llevaron a cabo un plan para crucificar al Señor violando leyes del imperio, como de su mismo código. Planificaron la traición, el juicio, los falsos testigos y los argumentos para convencer a los líderes romanos. ¿Sabían lo que hacían? Para nosotros, la respuesta es que sí sabían lo que estaban haciendo. Pero el Señor oró para que fueran perdonados porque vio más allá de sus acciones. Vio a gente fuera de control, fuera de sí, viviendo un sistema de creencias y de valores equivocados sin sentido de espiritualidad. Y aún más, los Evangelios afirman que antes de nacer y durante su ministerio, había tenido la experiencia de ser igualmente menospreciado por gente que con seguridad «no sabían lo que hacían».

¿Has considerado que quien se levantó en contra tuya no sabía lo que hacía? Por supuesto que sabía los hechos, pero ignoraba el peso, las consecuencias, el nivel de daño y las cosas que romperían como resultado de sus acciones. Cuando perdonamos, además de imitar al Señor, nos libramos de seguir conectados al ofensor. Y perdonar de ninguna manera impide que sea denunciado a las autoridades si lo ameritara.

Perdonar en obediencia a Dios coloca en una situación de autoridad sobre lo ocurrido. Lo que significa que aunque los hechos no se borren de la mente, dejará de causarnos dolor. El Señor vino no solo a predicar y enseñar, sino a modelar cómo se debe amar a los que hacen daño.

Pensamiento:

Perdonar es una decisión continuamente saboteada por las emociones y el recuerdo. Una vez se ha decidido perdonar, no hay que retroceder; eventualmente el dolor desaparecerá.

Para reflexionar:

Porque si perdonáis a los hombres sus ofensas, os perdonará también a vosotros vuestro padre celestial. (Mateo 6:14 RVR1960)

Proceso de liberación

Entonces Jehová dijo a Moisés: Entra a la presencia de Faraón y dile: Jehová ha dicho así: Deja ir a mi pueblo, para que me sirva. (Éxodo 8:1 RVR1960)

La historia de la liberación del pueblo hebreo hasta la conquista de la tierra prometida, tiene un parecido con la historia de una persona en rehabilitación. Las diferencias y los parecidos son los siguientes:

- La adicción es una esclavitud que comienza en una tierra y entre gente extraña.

- El faraón —tipo de Satanás— toma autoridad sobre las emociones, el futuro, las finanzas, restringe los movimientos y la voluntad.

- Dios libera con su poder del yugo de esclavitud y lleva a un momento de soledad y de reflexión al desierto. Es un tiempo de prueba en que se sabrá lo que verdaderamente hay en el corazón.

- De esclavo se llega a ser guerrero para derrotar gigantes como el orgullo, el temor que aleja de la fe, y la idolatría que pone en lugar de Dios el objeto de adicción.

- La tierra prometida es el cumplimiento de las promesas de Dios. Un tiempo de reposo, de sano disfrute, obediencia y relación con el libertador: el Señor Jesucristo.

- Las puertas de acceso a esa heredad conquistada permanecen abiertas, por si se desea regresar a la esclavitud y repetir el proceso hasta convencerse sobre a cuál amo servir.

Pensamiento:

El problema en salir y regresar con demasiada frecuencia, es que no se sabe si se tendrá tiempo suficiente de dejar una herencia.

Espacios de refugio

...ciudades de refugio tendréis, donde huya el homicida que hiriere a alguno de muerte sin intención. (Números 35:11b RVR1960)

Dios ordenó a Moisés construir seis ciudades en el territorio designado a los levitas. Estos lugares llamados Ciudades de Refugio fueron destinados a ofrecer protección a quien hería de muerte sin intención. La ley establecía que el vengador no podía tocar allí a la persona hasta tanto la congregación emitiera un juicio sobre lo ocurrido (Números 35). Hoy no existen ciudades de refugio, sino lugares o espacios donde se recibe apoyo y protección; algunos de esos son:

1. **Dios** - Mas Jehová, me ha sido por refugio y mi Dios por roca de mi confianza. (Salmos 94:22 RVR 1960)

2. **La familia / extendida** - Dios hace habitar en familia a los desamparados... (Salmos 68:6a RVR1960)

3. **Cárcel** - La cárcel puede ser un lugar de refugio para quien no tiene autogobierno e insiste en autodestruirse.

4. **La Iglesia** - Dios envía bendición y vida eterna a los hermanos que están juntos en armonía. (Salmos 133:3)

5. **Hogar de rehabilitación** - ...pero un samaritano vendó sus heridas y lo llevó al mesón... y cuido de él. (Lucas 10:33, 34 RVR1960)

6. **Grupos de apoyo** - Los pensamientos... en la multitud de consejeros se afirman. (Proverbios 15:22 RVR1960)

7. **Mentor** - Los pensamientos con el consejo se ordenan... (Proverbios 20:18a RVR1960)

8. **La cámara secreta de tu corazón** - Si todas las anteriores fallan queda el recinto privado e íntimo del corazón.

   Mas tú, cuando ores, entra en tu aposento, y cerrada la puerta, ora a tu Padre que está en secreto; y tu Padre que ve en lo secreto te recompensará en público. (Mateo 6:6 RVR1960)

Balaam

Han dejado el camino recto, y se han extraviado siguiendo el camino de Balaam hijo de Beor, el cual amó el premio de la maldad... (2 Pedro 2:15 RVR1960)

¿Imaginas tener a un ángel frente a ti tratando de impedir que pases porque te quiere ayudar a que no cometas un error? Balaam había sido instruido por Dios de no viajar a encontrarse con el rey pagano moabita, Balaac. Pero el profeta deseaba ir y tras recibir obsequios y halagos de parte de este rey, partió a encontrarlo.

Yendo en su mula de pronto el animal se detuvo. Con gran disgusto, la hizo caminar unos metros y volvió a detenerse en un paraje más angosto. Entonces el profeta se enfureció y golpeó al animal sin saber que ella estaba viendo a un ángel en medio del camino. Su obstinado y nublado juicio contrastaba con la facultad de su bestia para percibir la voluntad de su Creador. Balaam sigue sorprendiendo a todos por tratarse de un profeta que, a pesar de los avisos, persistió en ir a encontrarse con un rey pagano.

Cuando obstinadamente persistimos en frecuentar lugares, interactuar con gente negativa a pesar de las advertencias, Dios nos deja ir; avisa y advierte de muchas maneras, pero no obliga a la obediencia. El profeta Balaam es recordado por amar más el premio de la maldad que por su obediencia a Dios.

Pensamiento:

El corazón podría estar tan lleno de pensamientos y de agendas que impiden ver y escuchar la voz de Dios advirtiendo el peligro.

Para reflexionar:

Las excusas y motivos ocultos son agendas escondidas a la hora de obedecer a Dios.

Lot y su mala decisión

Entonces Lot escogió para sí toda la llanura del Jordán; y se fue Lot hacia el oriente, y se apartaron el uno del otro. (Génesis 13:11 RVR1960)

Lot, sobrino de Abraham, debió ser un hombre bastante joven, huérfano y algo dependiente de su ilustre tío. Continuamente se observa a Abraham velando por él como al hijo que su esposa no había podido darle. Presente en sus decisiones e intercediendo para librarlo del juicio divino sobre las ciudades donde decidió vivir.

Lot no figura dentro de los planes de Dios para su tío Abraham. Su presencia en algunos momentos fue de distracción y de atraso, como fue el incidente en que los pastores de los rebaños de ambos clanes entraron en conflictos por los derechos al agua y el alimento.

El bondadoso tío accedió a la sugerencia de Lot de una separación a pesar de no estar de acuerdo. Acto seguido le dio a elegir entre la llanura verde y fértil y la montaña con sus grandes desafíos. Cuando Lot decidió, no le importó la mayoría de edad de su tío y eligió la llanura que incluía las ciudades corrompidas de Sodoma y Gomorra. Abraham por su parte tuvo en las montañas las experiencias de fe más extraordinarias.

Decidir por lo que no cuesta trabajo, lo fácil, lo gratis, lo más cómodo; conlleva generalmente riesgos. A la hora de tomar decisiones Dios debe ser quien te guíe.

Pensamiento:

Decidir pensando en el bienestar del otro a expensas de un sacrificio personal, requiere mucho carácter.

Maltrato versus espiritualidad

Padres, no exasperéis a vuestros hijos, para que no se desalienten.
(Colosenses 3:21 RVR1960)

Con mucha probabilidad, la razón de la falta de fe y de espiritualidad de muchas personas en una adicción, tenga su origen en el maltrato sufrido durante los primeros años de vida. Estudios afirman que es en los primeros años que se construyen las primeras y más sencillas imágenes y creencias de un ser supremo. Son imágenes y creencias espontáneas que se alimentan del modelaje que figuras de autoridad proyectan al niño.

Si el padre al cual se puede ver no reafirma y en cambio rechaza, desvaloriza, ignora, maltrata y abusa verbalmente; ¿cómo se podrá creer en el amor de un Padre que no se puede ver? No importa que se haya crecido en la Iglesia y se conozca la Biblia; si se ha sido víctima de estas cosas, la fe será aprendida y ausente de una relación personal e íntima con Dios. Lo que realmente se piensa y se siente hacia Dios es temor, rechazo, desconfianza y la sensación de estar luchando solo.

El desaliento al cual se refiere la Escritura se relaciona a romper algo. Hay padres que exasperan de tal modo a sus hijos que rompen su estima, su dignidad, su valor y sus sueños. Y otra forma de romper el espíritu del niño es mostrándose ausente emocionalmente. Y en un espíritu roto existe además un doloroso vacío y maneras equivocadas de pensar y de verse a sí.

Hoy, en que ese niño ha alcanzado un nivel de comprensión acerca de la vida, puede concluir que sus padres estaban equivocados. No eran Dios, eran seres imperfectos que desalentaron, porque probablemente ellos fueron desalentados y rotos. Dios es el Padre en espera que sus hijos regresen al hogar donde siempre serán aceptados, abrazados y amados.

Pensamiento:

Hoy tienes algo mejor que recuerdos incompletos y confusos sobre el pasado. Tienes la verdad completa sobre tu Padre Dios que ama eternamente.

Conversemos sobre espiritualidad, rehabilitación y fe cristiana

¿Quién es tu señor y padre?

Pues aunque haya algunos que se llamen dioses, sea en el cielo, o en la tierra (como hay muchos dioses y muchos señores), para nosotros, sin embargo, solo hay un Dios, el Padre, del cual proceden todas las cosas... (1 Corintios 8:5, 6a RVR1960)

Los programas de rehabilitación enseñan el elemento de un poder superior. Es decir, una autoridad espiritual en la cual el adicto puede confiar sus temores e inseguridades. Un elemento al cual se le da el poder de influenciar y de modelar inclusive un estilo de vida. Esa autoridad es también objeto directa o indirectamente de adoración y venerada por ser un elemento de gran valor y significado. En la extensa lista de poderes superiores puede haber personas, familiares, artistas, religiosos, deportistas, políticos, criminales notorios y hasta mascotas.

La Biblia dice que algunos llegan a poseer tal grado de influencia que pueden ser considerados dioses y señores. Estas deidades creadas a imagen personal son una ilusión, son entes reales, aunque no sean verdaderos. Estos poderes con el paso del tiempo cambian, se gastan, desaparecen y pierden influencia. No hay que aventurarse a encontrar a un dios, un señor y padre, producto de la cambiante imaginación. Solo hay un Dios y Padre del cual proceden todas las cosas.

Para reflexionar:

Escribe el nombre de a quien consideras tu dios y señor y explica cuál es y cuánto es su poder e influencia.

_____

_____

_____

_____

José, esposo de María

Y decían: ¿No es este Jesús, el hijo de José, cuyo padre y madre nosotros conocemos? ¿Cómo, pues, dice este: Del cielo he descendido? (Juan 6:42 RVR1960)

José no es recordado por ser gran orador, guerrero, un hombre de grandes recursos. Era un carpintero que vivía en una aldea llamada Nazaret que eligió, entre las jóvenes que conocía, a María para que fuera su esposa. La relación progresó y se comprometieron. Al poco tiempo se enteró que la que sería su esposa estaba embarazada. María le explica su encuentro con el ángel, pero su historia es demasiado increíble.

Dada la situación, José prefirió cargar con la responsabilidad e irse de la aldea secretamente. Entonces un ángel le habló en sueños y le confirmó lo que María le había dicho. El encuentro con el ángel puso fin a sus dudas: ¡María no lo había engañado, daría a luz al esperado Mesías!

Obedecer la voluntad de Dios significó para José:

- Amar a una mujer señalada como infiel.
- Enfrentar el estigma y la burla de los amigos y vecinos.
- Creer el mensaje del ángel a pesar de lo que le decía su lógica.
- Amar a un hijo no planificado o esperado.
- Ayudar a María en el proceso aun sabiendo que el niño no era su hijo.
- Compartir su rol de padre con el verdadero Padre del niño.
- Hacer el viaje a Belén para ser censado con María que ya estaba en estado avanzado de embarazo.
- Buscar un lugar para que el niño naciera y asistirla en su proceso de parto.

Pensamiento:

Cuando no hay estudios ni diplomas, posición social o económica; queda el recurso de la obediencia y de hacer lo correcto cuando se nos pide.

Fortalezas mentales

Pues aunque andamos en la carne, no militamos según la carne; porque las armas de nuestra milicia no son carnales, sino poderosas en Dios para la destrucción de fortalezas, derribando argumentos y toda altivez que se levanta contra el conocimiento de Dios, y llevando cautivo todo pensamiento a la obediencia a Cristo... (2 Corintios 10:3-5 RVR1960)

La mente puede servirnos a la libre búsqueda de los caminos de Dios o dejarnos atrapados en pensamientos que nos aíslan y que la Biblia llama fortalezas. Como los muros de un castillo medieval cuyos muros, además de proteger del exterior, aislaban a quienes quedaban adentro; así sería el poder de esos pensamientos que no permiten ver más allá de ellos. Son conceptos difíciles de desarraigar porque representan estilos de vida y opiniones que han estado ahí por mucho tiempo. Para deshacerse de ellos, hay que identificarlos y llevarlos cautivos como se haría a un prisionero que ha estado fugitivo.

Esa manera de pensar no son pensamientos amigos, son entes espirituales que han acompañado desde el comienzo de la adicción. Se disfrazan de excusas, de justificaciones y de conmiseración entre otras cosas. Una vez ese argumento contrario a la verdad de Dios ha sido identificado y expuesto a la luz, comienza a perder fuerza.

Si tu manera de pensar y de hacer las cosas no te ha funcionado, considera algo diferente. Haz la Escritura tu primera fuente de información. En ella encuentras respuestas sustitutas a ese sistema de creencias que te mantiene prisionero.

Pensamiento:

La verdad de Dios es más poderosa que tus argumentos, tu altivez y tu inteligencia.

Para reflexionar:

Piensa en al menos cinco maneras de pensar que son fortalezas opuestas a la verdad de Dios.

Los beneficios de una rutina

Luego llegó Simón Pedro... y vio los lienzos puestos allí, y el sudario, que había estado sobre la cabeza de Jesús, no puesto con los lienzos, sino enrollado en un lugar aparte. (Juan 20:6a, 7)

El ser humano es un ser de rutina. Una rutina es una serie de eventos que realizas para lograr algo. Se recomienda a los padres que establezcan una rutina con sus hijos en relación con la hora de acostarse, de estudios, de ver televisión y otros. En la escuela, los maestros, especialmente de los primeros grados, saben que una rutina contribuye a la buena conducta y al éxito de su enseñanza.

Una persona en adicción activa tiene también una rutina. La rutina del revoloteo, del truco, del fin de semana, de la noche, del secreto y el disimulo. Cambiar una rutina es cambiar un estilo de vida. Cambiar un estilo de vida es cambiar en lo que se cree y la conducta.

Una rutina de orden y de limpieza revela que en alguna medida existe orden y limpieza en el interior. Cosas tan sencillas como ordenar la cama después de levantarse, el aseo de la ropa, del cuerpo y aun los modales reflejan una rutina.

Una persona en adicción tiene un problema de autogobierno, por lo que necesitará por algún tiempo un guía. Mientras eres guiado sentirás una desagradable sensación de que «te están mandando», que «te tratan como a un niño» y que tienes el derecho de «hacer lo que quieres». La realidad es que cuando se pierde control por causa de una adicción no se hace «lo que se quiere», se es esclavo.

Pensamiento:

Una rutina no es hacer lo mismo aburridamente todos los días. Son exámenes de autogobierno que van de lo sencillo hasta lo más complejo como es la compra de una casa y ser buen padre o madre.

Acerca de maldecir a los padres

Al que maldice a su padre o a su madre morirá en la más espantosa oscuridad. (Proverbios 20:20 DHH)

Todo el que odia a su hermano es un asesino, y ustedes saben que ningún asesino puede tener vida eterna en sí mismo. (1 Juan 3:15 DHH)

Las palabras tienen el poder de edificar, de destruir, de bendecir, de maldecir… y las cargadas de odio, de matar. Y nuestros padres o tutores, que nos acompañaron en aquellos primeros años serían los primeros en recibir los golpes o los abrazos de nuestras palabras. Por medio de ellos obtuvimos una herencia y el nombre de una familia que Dios bendijo en la simiente de Abraham (referencia a Génesis 12:3). Y Él estuvo además presente en la composición de nuestro apellido y nuestro equipaje genético. Supo de nosotros antes que naciéramos y la manera de atraernos a él para hacernos hijos y que le sirviéramos en medio de muchas tribulaciones.

No hay que maldecir a los padres para que la luz de lo bueno y lo positivo que hay en nosotros se apague. Cuando se les maldice, se traspasan límites prohibidos y nos ubicamos en el grupo de gente desnaturalizada y desarraigada. Además de asumir el rol de Dios, quien solo tiene el poder de pagar a cada uno con justicia.

Necesitamos la luz de nuestro espíritu encendida para continuar este proceso de rehabilitación. Razón por la cual hay que perdonar cuantas veces sea necesario, dejando ir la ofensa como quien deja ir aguas turbulentas, para no morir en oscuridad.

Pensamiento:

Quien maldice a sus padres, acorta sus días y no le va bien.

Pregunta para reflexionar:

¿De qué maneras se afecta la vida cuando maldices a tus padres? ¿Y cuando los bendices?

Burladores

Ahora, pues, no os burléis, para que no se aprieten más vuestras ataduras... (Isaías 28:22a RVR1960)

Bienaventurado el varón que no anduvo en consejo de malos, ni estuvo en camino de pecadores, ni en silla de escarnecedores se ha sentado... (Salmos 1:1 RVR1960)

La burla puede tratarse de un comentario, un gesto o una insinuación, y tiene el fin de ridiculizar a otra persona. Generalmente tiene una connotación negativa. El burlador tiene un concepto muy pobre del dolor y de la necesidad humana. Tal vez se burla de otro porque alguien se burló de él primero y es su manera de expresar su coraje y su frustración.

Escarnecer es una categoría de burla más cruel, y sería como desgarrar las carnes de otra persona. Un ejemplo de escarnecer es el llamado *bullying*, que no es otra cosa que un acoso despiadado e inmisericorde en contra de un ser vulnerable. Esa clase de burla no solo apela a hechos que pueden parecer situaciones graciosas, sino a cuestiones personales en que se pretende aplastar a la otra persona.

Escarnecer o realizar actos de *bullying* es un crimen. Y la Biblia llama bienaventurado, tanto a aquel que no ha caído en falta, como al que no se ha sentado a ver cómo otro lo hace sin hacer algo a favor de la víctima. Nuestro Señor fue escarnecido (referencia a Mateo 27:27-50) durante el tiempo que fue enjuiciado y crucificado, por lo que entiende cuando uno de sus hijos lo sufre. La Biblia advierte que el daño no lo sufre únicamente la víctima, sino también el victimario porque sus ataduras se vuelven más apretadas.

Pensamiento:

Escarnecer y burlarse son formas de injusticia.

Para reflexionar:

Una atadura que aprieta continuamente debe causar algún daño importante.

Placer y satisfacción

La [semilla] que cayó entre espinos, estos son los que oyen, pero yéndose son ahogados por los afanes y las riquezas y los placeres de la vida, y no llevan fruto. (Lucas 8:14 RVR1960)

Hay tres cosas que ahogan el trabajo de Dios en la vida: el afán, las riquezas y el placer, del cual hablaremos. Tanto el sentido de placer como de satisfacción son emociones de bienestar que buscamos. Pero no todas las experiencias de placer son saludables. Estableciendo la diferencia entre ambos conceptos nos acercamos a una verdad liberadora.

Es una verdad que la gente experimente satisfacción cuando terminan estudios, cuando un compositor termina su pieza, el jardinero construye un jardín y el padre sostiene su hogar. Entre las cosas que proporcionan placer puede señalarse: viajar, comer una buena comida, pasear, ir al cine, hacer turismo, tener relaciones sexuales, embriagarse y una adicción.

La persona en adicción activa ha perdido de vista que el placer, a diferencia de la satisfacción, procede de fuentes que se secan rápidamente. Se terminan porque dependen de cosas y de otros(as). Mientras que las fuentes de satisfacción se originan dentro y no dependen necesariamente de lo exterior.

Cuando aparezca el impulso por un poco de placer, sustitúyelo con el recuerdo o realiza una acción que produzca mayormente satisfacción. La satisfacción de un bien logrado nos hace sentir mejor con nosotros mismos.

Para reflexionar:

Se puede vivir sin placer, pero es imposible vivir sin el recuerdo de al menos una acción que produjo satisfacción.

Sobre todo, guarda tu corazón

Sobre toda cosa guardada, guarda tu corazón; porque de él mana la vida. (Proverbios 4:23 RVR1960)

Como el cuerpo requiere del corazón para mantenerte vivo, el ser interior de emociones y pensamientos saludables. El corazón del cual mana la vida depende de la mente para que, en su función de filtro, elija y deje bajar a él aquellos pensamientos que le ayuden a estar bien. La famosa frase italiana «Mente sana en cuerpo sano» habla del equilibrio saludable entre ambos. Mas Dios establece en su Palabra la verdad de que los pensamientos determinan la verdadera vida de la gente, aunque el cuerpo se encuentre enfermo.

La mente elige cuando un pensamiento merece atención o debe ser rechazado. La mente es como el balcón de una vivienda. El lugar de la casa donde se decide si el pensamiento visitante entra o se le impide el paso. Como lo haría el dueño de una casa que cuida la entrada de visitantes indeseables.

No se puede guardar el corazón sin guardar la mente. Ciertamente, es difícil evitar que un mal pensamiento se acerque. Pero se puede impedir que permanezca más tiempo del debido, nos seduzca y baje al corazón.

Hay tres fuentes de donde proceden los pensamientos: La primera es la de Satanás que miente, acusa, tienta, siembra temor y duda sobre Dios y su Palabra. Otra fuente que nutre la mente es lo que uno mismo procesa por la imaginación y la experiencia. Y los pensamientos de Dios que inspiran a la fe, la esperanza, al amor y a la vida.

Para reflexionar:

Medita en cinco pensamientos que han bajado a tu corazón que proceden de Satanás, cinco creados en tu mente y cinco que proceden de Dios.

Barbecho

Sembrad para vosotros en justicia, segad para vosotros en misericordia; haced para vosotros barbecho; porque es el tiempo de buscar a Jehová, hasta que venga y os enseñe misericordia. (Oseas 10:12 RVR1960)

Barbecho es una porción de terreno en el cual no se siembra por algún tiempo, con el propósito de que descanse y se regenere. Es una parcela de buena tierra, a la cual se le da la oportunidad de preñarse de nutrientes que la hará fértil y adecuada para volver a sembrar en ella.

Esa porción de terreno en la vida, se relaciona al desgaste y exposición a diario a la contaminación de las emociones y creencias. Que como semillas crecieron y han dado un fruto que no esperábamos. Hoy es un terreno del cual nadie come por causa de sus espinas y malos frutos.

Todos necesitamos de vez en cuando ver cómo está el terreno del ser interior por si necesita limpieza y cuidados. Nadie es tan bueno ni tan perfecto que no necesite realizar de vez en cuando una limpieza de malas semillas. Ellas llegan de forma inexplicable. No se ven llegar y algunas son tan pequeñas que solamente se sabe que llegaron cuando germinan. Las malas semillas en el corazón, se convierten en creencias y opiniones que llegan a ser raíces de amargura con la fuerza de producir el fruto de una adicción.

Si te encuentras en el momento de sembrar, asegúrate de escoger buena semilla; si estás cosechando no olvides dar gracias. Y si estás en el tiempo de hacer barbecho, aplica el corazón a ser enseñado por Dios. Estar retirado en un centro de rehabilitación es un buen momento de preparar el terreno para lograr una buena siembra y una buena cosecha.

Pensamiento:

Quien ha trabajado arrancando malas hierbas, sabe que estas no se secan inmediatamente después de haber sido arrancadas. Se ven con vida, pero su verdor secará en poco tiempo.

Apresados con engaño

...como los peces que son presos en la mala red, y como las aves que se enredan en lazo, así son enlazados los hijos de los hombres en el tiempo malo, cuando cae de repente sobre ellos. (Eclesiastés 9:12b RVR1960)

Fuiste enlazado y apresado en tu adicción con engaño. Si hubieras imaginado todos los dolores y situaciones que has afrontado, ni siquiera te hubieras acercado al área de peligro. Las advertencias y los avisos estaban, pero como tu molestia era tan grande, los ignoraste. Fuiste hecho cautivo bajo engaño y con el permiso de tus propias conclusiones y razonamientos.

La captura puso en evidencia la astucia del cazador. Fuiste ingenuo al no distinguir que el alimento que te ofrecía era una trampa. Tenías hambre, de la clase de hambre que no se sacia con comida. El cazador conocía acerca de ello y te ofreció un veneno envuelto en una oferta de placer con un lazo que resultó ser una argolla.

Ahora el cazador no quiere saber de ti. Eres su presa y su trofeo de guerra en el mundo de las tinieblas. Eres su esclavo en relación a tus finanzas, en lo que piensas, lo que sientes y sobre tus relaciones personales. Todo tu mundo gira en torno a un capricho obsesivo por conseguir un sentido de placer que no distingues del dolor.

No te culpes, no te recrimines, no maldigas, ni busques un por qué lo hice. Tenías hambre en tu alma/espíritu y no supiste identificarlo. Una vida vacía, herida y sin propósito es como el ciego que no sabe en qué tropieza. La verdad más importante que debe saber un cautivo, es que esta guerra se trata sobre ideas y creencias. El Señor Jesús tiene las buenas noticias de una verdad poderosa para libertar.

Salvo, con un problema de adicción

Así pues, queridos hermanos, estas son las promesas que tenemos. Por eso debemos mantenernos limpios de todo lo que pueda mancharnos, tanto en el cuerpo como en el espíritu; y en el temor de Dios debemos consagrarnos completamente. (2 Corintios 7:1 DHH)

Un problema de adicción no es un impedimento para ser salvo. La salvación es dada por gracia al que cree en Jesús como Salvador. Una adicción es un problema de esclavitud, ceguera espiritual, mal uso de los talentos, del cuerpo y el tiempo. Una adicción además impide disfrutar la libertad que Jesucristo enseñó en el Evangelio. Y es una atadura que impide avanzar en el propósito de Dios.

El gran peligro de no trabajar el problema consiste en la posibilidad de perder toda esperanza de rehabilitación. Que el cuerpo sea entregado a una mayor contaminación que te aleje de Dios para siempre. Con una conciencia en un estado de cautividad tal, que deje de advertir sobre lo que está bien y está mal.

La salvación no se pierde ni Dios se arrepiente de darla. Lo que ocurre es que la gente salvada ama lo que Dios ama. Por lo cual, cuando un creyente peca se espera que sienta un profundo deseo de rectificar. Si no se experimenta este sentido de constricción, entonces hay que revisar si verdaderamente se ha entregado la vida al Señor. Quien hace de su adicción un estilo de vida, permanece espiritualmente en muerte.

Para reflexionar:

Si alguno destruyere el templo de Dios, Dios le destruirá a él; porque el templo de Dios, el cual sois vosotros, santo es. (1 Corintios 3:17 RVR1960)

Síndrome del prisionero

Yo Jehová te he llamado... para que abras los ojos de los ciegos, para que saques de la cárcel a los presos, y de casas de prisión a los que moran en tinieblas. (Isaías 42:6a, 7 RVR1960)

Síndrome del prisionero es un término relacionado a cambios negativos en el carácter de alguien que vivió en un ambiente carcelario. Los familiares, como los amigos de quien cumplió condena, hablan de estos cambios, como sería un carácter más endurecido y falta de sensibilidad para divertirse espontáneamente con las cosas sencillas de la vida. Diferencia en las actitudes, la manera de sentir, de comunicarse, la manera de ver la vida y a las personas. Y todo por estar saliendo de un lugar en que aprendieron la cultura de la supervivencia.

Quien ha sobrevivido al síndrome lo hizo ocupando su mente en cosas positivas. Protegiendo su espacio vital con fe, con espiritualidad y el refuerzo perseverante y positivo de su familia.

La oferta del Señor de hacer a sus hijos verdaderamente libres es también para los que han salido encallecidos, con coraje, con deudas dejadas adentro y con poco o sin sentido de valor personal. Que dicen estar libres, pero siguen cumpliendo prisión en lo emocional y lo sicológico. El Señor Jesucristo vino a hacer verdaderamente libre, a devolver un nuevo y fresco sentido de vivir al preso como al que se siente estarlo.

Para reflexionar:

Porque el Señor es el Espíritu; y donde está el Espíritu del Señor, allí hay libertad. (2 Corintios 3:17 RVR1960)

Oración:_____

_____

_____

_____

Estaciones del año, espiritualidad y rehabilitación

Enséñanos de tal modo a contar nuestros días, que traigamos al corazón sabiduría. (Salmos 90:12 RVR1960)

Para contar los días con inteligencia hace falta algo más que números y un calendario. Las estaciones del año pueden ser un ejemplo de cómo contar el tiempo sabiamente. En ellas, como en la vida del ser humano, hay un tiempo de crecer, de madurar, de renovación y morir.

La primera estación es la colorida primavera en que la semilla germina y florece. Le sigue el verano que calienta y madura el fruto. Durante el otoño el árbol se renueva. Finalmente el invierno proveerá las condiciones para que el ciclo ocurra nuevamente. Ninguna etapa de crecimiento es mejor, es más importante ni tampoco ocurre independiente de la otra.

Como en las estaciones, así ocurre en la vida de las personas. De ellas, el invierno es la que más se parece a una adicción activa. Es una época en que no hay siembra ni cosecha y se vive de lo guardado. En invierno no se realiza casi ningún trabajo y todo el mundo añora que termine. Hay gente que muere en el proceso porque no guardaron o porque no se protegieron adecuadamente.

Las cosas no ocurren por efecto de magia. Para alcanzar buenas cosas hay que hacer un trabajo. Quienes lo aceptan, cada año se vuelven más fuertes y el invierno de la crisis hace cada vez menos estragos en ellos.

Para reflexionar:

Ve a la hormiga, oh perezoso, mira sus caminos, y sé sabio... (Proverbios 6:6 RVR1960)

Las hormigas, pueblo no fuerte, y en el verano preparan su comida... (Proverbios 30:25 RVR1960)

¡Qué el pecado no te alcance!

Mas si así no lo hacéis, he aquí habréis pecado ante Jehová; y sabed que vuestro pecado os alcanzará. (Números 32:23 RVR1960)

El pecado que no se confiesa es una sombra a las espaldas. No importa lo bien o lo rápido que corramos. El pecado viene detrás tan cerca como la sombra que se proyecta en el suelo cuando el sol nos da de frente.

Vivir en pecado sin estar a cuentas con Dios es:

- Vivir de espaldas a Dios.
- Coger prestado sin aportar a la deuda ni el interés.
- Añadir leños a un fuego que eventualmente se saldrá de control.
- Acondicionar el camino de la propia ruina.
- Conocer el mandamiento pero no querer obedecerlo.
- Una actitud soberbia que ciega el entendimiento y rechaza toda autoridad.
- Ir por la vida como si fuera posible esconderse de Dios.

No importa cuánto tiempo pase; llegará el día en que:

- Lo oculto saldrá a la luz.
- El promiscuo contrae una enfermedad.
- El traficante es descubierto.
- El maltrato y el abuso son expuestos.

Para reflexionar:

Venid luego, dice Jehová, y estemos a cuenta: si vuestros pecados fueren como la grana, como la nieve serán emblanquecidos; si fuere rojos como el carmesí, vendrán a ser como blanca lana. (Isaías 1:18 RVR1960)

Diferencias entre los dos reinos

...el cual nos ha librado de la potestad de las tinieblas, y trasladado al reino de su amado Hijo... (Colosenses 1:13 RVR1960)

	Rey: Dios	**Príncipe: Satanás**
Lugar del reino:	Los cielos	El abismo, el infierno
Sevidores:	Ángeles	Demonios
Le siguen:	Hijos de luz	Hijos de perdición
Situación legal:	Personas libres	Esclavos
Derechos:	Los mismos de Jesús	No existen
Elegibles:	Los que creen	Todos
Beneficio:	Salvación	Condenación
Fortalezas:	Justicia y el amor	Injusticia y maldad
Debilidades:	Ninguna	Falta de lealtad
Forma de ingreso:	Voluntario	Con engaño
Tipo de gobierno:	Teocrático	Ilegítimo
Autor de sus leyes:	Dios	Satanás imita lo de Dios
Espíritu que las inspira:	El amor	El odio
Confiabilidad:	Excelente	Dudosa
Constitución del reino:	La Biblia	No existe
Tipo de relación entre súbditos:	Hijos/hermanos	Basada en el engaño
Principio que rige sus leyes:	La verdad	La mentira
Motivación:	Ser perfectos	Auspiciar y crear maldad
Trato con el débil:	Sobrellevarlo	Sacar ventaja de él
Luz que ilumina el reino:	Luz de Jesús	Tinieblas

Huellas

Oí una voz que desde el cielo me decía: Escribe: Bienaventurados de aquí en adelante los muertos que mueren en el Señor. Sí, dice el Espíritu, descansarán de sus trabajos, porque sus obras con ellos siguen. (Apocalipsis 14:13 RVR1960)

Si tiene peso y ocupa espacio, dejará huellas...

Todo lo que respira en el mundo, sea animal, vegetal o humano; todo lo que genera energía en forma de acción, hablado o de forma pasiva. Los eventos de la naturaleza como huracanes, volcanes y terremotos; y aun aquellos que se desarrollan en el silencio y la obscuridad, dejan huellas.

Los buenos gobiernos que siembran la justicia y la paz dejan huellas. Los conquistadores, los líderes, los dictadores que asesinan millones de personas; el violador, el asesino, el que maltrata, el que golpea, el que abusa, el que se burla, el que abandona; deja huellas.

Las huellas no se hacen con intenciones sino con acciones. Una huella de la Palabra de Dios trasciende para bien. Pero una huella de iniquidad, además de seguir a quien la hizo, guía al que viene siguiendo sus pasos.

Los bienes materiales que puedas dejar al morir, se terminan. La huella de tu carácter, tu bondad y de tu esfuerzo para hacer el bien y lo correcto permanecen.

Pensamiento:

Porque tienes peso y ocupas espacio estás dejando huellas.

La tentación

Cuando alguno es tentado, no diga que es tentado de parte de Dios; porque Dios no puede ser tentado por el mal, ni él tienta a nadie; sino que cada uno es tentado, cuando de su propia concupiscencia es atraído y seducido. (Santiago 1:13, 14 RVR1960)

La tentación es una urgencia por pecar que provocó un objeto exterior y que estimuló los malos deseos y perversión de la naturaleza propia. Ser tentado es una actividad de nuestra naturaleza caída y su elemento positivo consiste en probar fortalezas de carácter, creencias y debilidades. Y otras relacionadas a la rehabilitación; como sentirse rechazado, temeroso, solo y melancólico.

Cuando se cede a la tentación y se peca, no se quebrantan necesariamente las leyes de un país ni su cultura ni sus costumbres; se falta a las leyes divinas. Leyes que en vez de esclavizar sirven para mantenerse en libertad y en armonía con Dios. Los objetos de la tentación llegan desde el exterior que actúan como estímulos sobre nuestras áreas débiles o vulnerables. Las circunstancias en que esto ocurre pueden deberse a ataques inesperados, o a la falta de prudencia y juicio.

El corazón, la mente y las emociones son alacenas de concupiscencia donde se concibe y desde donde se da a luz el pecado y muerte (referencia a Santiago 1:15). Fallar en esta prueba no descalifica al creyente, como tampoco desaprobar un examen lo haría a un estudiante; ni perder una batalla, haría incapaz y cobarde a un soldado. De la tentación se aprende a batallar mejor; no hay otra manera de aprender que no sea por medio de la práctica.

Para reflexionar:

Examínate a ver las circunstancias en que han ocurrido tus recaídas y haz una oración honesta a Dios.

Una buena batalla

Pelea la buena batalla de la fe, echa mano de la vida eterna, a la cual fuiste llamado... (1 Timoteo 6:12a RVR1960)

Las buenas peleas ocurren entre buenos contrincantes. Nadie paga para ver ni apuesta a un peleador flojo con probabilidades de fracaso. En la batalla por un mejor vivir se encuentran las adicciones. Y como en toda batalla, la fe es un elemento importante de triunfo. ¿Imaginas a un luchador que no tenga fe en sí mismo de que puede lograrlo? ¿O tal vez que no tenga confianza en su entrenador?

Una adicción es un contrincante muy fuerte. Un pegador con la fuerza de acabar con la vida. Sus blancos de ataque incluyen lo físico, lo emocional y lo espiritual. Algunas adicciones pueden causar más daño en lo físico que otras, pero todas producen mucho daño emocional/espiritual.

Una adicción es un retador que puedes mantener a raya en los siguientes términos: Puedes presentar pelea siguiendo tus propias opiniones o buscando la ayuda de un entrenador. Otra forma de pelear es mantenerte recibiendo más golpes de la cuenta. Lo que significará caer y levantarse más de lo usual en una pelea tan desigual, que termines siendo objeto de ridículo y de compasión.

En esta gran pelea por la vida habrá caídas. Lo que se espera del luchador es que conozca cada vez mejor a su contrincante y no se dé por vencido. Si no hay nadie que apueste a ti, Dios lo está haciendo.

Para reflexionar:

Tu voluntad es más fuerte que tu adicción y el Espíritu Santo te hace aún más fuerte.

Pensamiento:

Las caídas enseñan a desenmascarar el engaño de la adicción.

Acerca del abuso sexual

Un niño enfrentará a lo largo de su vida, incluyendo el alumbramiento, una serie de experiencias de crecimiento. Experiencias difíciles por su alto grado de propósito de convertirlo en un ser humano independiente, que pueda valerse por sí mismo y competente. Exitoso en el desempeño de sus diferentes roles, entendido de sus límites, capaz de establecer relaciones profundas y de significado.

El abuso sexual es un elemento extraño y ofensivo al crecimiento. Lo que ha ocurrido es que una figura de autoridad ha invadido inapropiadamente el espacio vital y vulnerable del niño. Traspasó un límite sensible y frágil y detuvo el desarrollo saludable de ese ser humano.

El adulto con su acto de violencia criminal dejó de serlo. Se desconectó de su propio desarrollo. Perdió la noción de quién es y de su supremo propósito de vida. Ciertamente seguirá siendo un humano, pero sin las características normales de uno de ellos. Es una planta desarraigada, una raíz seca llevada por el viento y una persona que traspasó los límites del egoísmo. Su ceguera es tal que no puede ver la destrucción que causó. Una vez cometido su crimen se aleja como llegó, caminando sigilosamente de puntillas, en silencio. La clase de silencio y calma que augura una gran tormenta.

El abusador sexual realizó una *cesárea* en las emociones del niño. Las áreas blandas que necesitaban tiempo para madurar fueron empujadas con violencia. Lo que debió ser *piel protectora* en contra del ambiente adverso no se desarrolló o quedó en un nivel más bajo. Y desde allí, las cosas no se perciben igual. El niño se ve a sí mismo y al mundo de una forma diferente, por lo que emprenderá una dolorosa búsqueda de algo que no existe, que no existió o existió y se perdió.

Con el paso de los años la parte blanda se vuelve *callosa*, y el carácter complicado y vulnerable. La situación es que las emociones, el carácter, los hábitos, las costumbres y la filosofía de vida, quedaron supeditados a aquella primera experiencia. Ocurrió como si hubieran rayado una parte importante del disco de la armonía de la vida. Y la canción que debía distinguirle como persona se atascara en el mismo lugar, repitiendo la melodía de esos primeros años. La melodía de la soledad, del temor, de sentirse diferente, dividido y vulnerable.

El abusador desvistió al niño y no podrá ser vestido igual. Las ropas que significaban un sano concepto de sí y del mundo que le rodeaba, desaparecieron. El agresor estableció además con su víctima una conexión difícil de deshacer; una huella de maldad que sobrevivirá al tiempo. Esa huella, cada día más profunda, vendrá a ser un hoyo que se llenará de vacío existencial, oscuridad, promiscuidad, sentimiento de soledad, sentido de rechazo, de estar sucio, de ser diferente e indigno. El peor enemigo del niño, aparte al agresor, es el silencio de quienes están alrededor de él. Silencio que se cubre con disimulo e indiferencia, que voltea la cara al otro lado, o que tal vez tiene origen en la complicidad.

Las etapas de niño pasan rápidamente y de pronto ya es un adulto, una persona de la que se espera un comportamiento. Alguien que sabe enfrentar satisfactoriamente situaciones y problemáticas del camino. Sin embargo, y para sorpresa de todos, comienza a fallar. No resiste el rechazo, tiene dificultad con la autoridad, sea un policía o un pastor. Tiene problema para relacionarse saludablemente en su trabajo. Protegiendo su masculinidad se convierte en súper macho y a la mujer en una madre o el objeto de su maltrato.

El adulto victimizado, inexplicablemente se siente diferente a los otros y experimenta un sentir de desamparo y temor; de no ser adecuado en ninguno de los roles de su vida y ello, porque le faltan piezas de ropa importantes que le fueron quitadas. Ocurrió lo que a Adán y a Eva que al participar del pecado se vieron desnudos. Con la diferencia de que la desnudez del niño ocurrió en una etapa temprana de la vida, cuando en su corazón se había escrito ningún mandamiento.

El abuso sexual es, además, una grieta en la fundación de la construcción de la vida, una falla importante capaz de provocar el colapso.

Por tanto, el Santo de Israel dice así: *Porque desechasteis esta palabra, y confiasteis en violencia y en iniquidad, y en ello os habéis apoyado; por tanto, os será este pecado como grieta que amenaza ruina, extendiéndose en una pared elevada, cuya caída viene súbita y repentinamente. (Isaías 30:12, 13 RVR1960)*

Dios ha advertido que apoyarse en una falla puede provocar que toda la construcción caiga súbitamente; y el abuso sexual, además de ser una experiencia de violencia e iniquidad, propicia una grieta que no sobrevive a la presión del tiempo. Consideremos a continuación algunos materiales para reedificar que significan cosas que el agresor robó.

El agresor robó la bendición de vivir y de disfrutar cada etapa de la vida en el orden que corresponde. Rompió la visión de un Dios que protege, que ama y que quiere el bien de sus hijos. Desvistió al niño de sus ropas de inocencia y puso en su lugar otras. Le ató en un compromiso de silencio, respaldado por el sentido de culpa en un pesado yugo. «Profetizó» sobre su víctima que sería parte de él en un «hasta que la muerte los separara».

El Señor advierte que el que hace tropezar a uno de sus pequeños, mejor le fuera que se atara una piedra de molino al cuello y se lanzara al mar (referencia a Marcos 9:42). El lugar donde se muere física y emocionalmente, de forma lenta y agónica, separado; donde nadie ve ni oye. El mismo lugar donde la víctima permanece atada a su victimario a causa de la falta de perdón y de pensamientos de culpa y auto incriminatorios.

Y cuando estéis orando, perdonad, si tenéis algo contra alguno, para que también vuestro Padre que está en los cielos os perdone a vosotros vuestras ofensas. Porque si vosotros no perdonáis, tampoco vuestro Padre que está en los cielos os perdonará vuestras ofensas. *(Marcos 11:25, 26 RVR1960)*

El violador dejará una huella de por vida. Una huella que, aunque no se puede eliminar, sí puede hacerse menos profunda cuando se cubre con el amor de Cristo. El amor de Cristo, ancho, largo, incondicional, profundo y alto; que es como un salvavidas que mantiene la vida lejos de la profundidad del mar (referencia a Romanos 8:35-39). Una vez se ha sido liberado de esa prisión, el Señor Jesús viste a ese hijo herido mediante un acto instantáneo de fe y de limpieza con su sangre. Que continúa en un proceso de crecimiento y madurez, que puede durar el tiempo que sea necesario. Entre las piezas de ropa más importantes de esta vestidura, además del amor incondicional de Dios, está una nueva imagen de sí, sentido de pertenencia y propósito de vida. Ser vestido y mantenerse vestido son experiencias diferentes.

El libro de Éxodo narra la fascinante historia de la salida del pueblo hebreo de la esclavitud en Egipto. La distancia aproximada que le separaba de la Tierra Prometida era de dos meses, pero la travesía demoró 40 años. No se trataba de un castigo, sino que necesitaron tiempo adicional para aprender a amar a Dios y servirle.

Las acciones de este pueblo que tanto esperó y anheló la libertad fueron a veces contradictorias. Por un lado, deseaban llegar a la tierra de libertad, pero tropezaban con las demandas de obediencia y las condiciones de vida del desierto. Habían visto milagros extraordinarios a favor de ellos, como las diez plagas enviadas a Egipto y el cruce en seco del Mar Rojo. No obstante, en los días difíciles, murmuraban, se quejaban, se rebelaban fuertemente y anhelaban regresar a Egipto, que era volver a estar vestidos de esclavos. La experiencia de este pueblo es evidencia de que las manifestaciones extraordinarias del poder de Dios no son suficiente para enfrentar las duras jornadas de la vida.

Egipto es hoy en sentido espiritual la tierra de la esclavitud, pero también del placer. El placer de comer lo que el opresor ha hecho creer que es bueno. Donde se puede practicar la no estima, sentirse con una excusa indignos y aliviar el dolor con placer. Donde es fácil y cómodo sentirse inadecuado porque no hay otra cosa que seguir siendo esclavo.

Un día ocurrió algo inesperado en la rutina del pueblo. Moisés había subido al monte Sinaí a encontrarse con Dios y su estancia se prolongó más de lo esperado. El rumor de que había muerto se esparció y comenzaron a prepararse para regresar a Egipto. Esto ocurrió en el desierto, el lugar donde más fácilmente se puede abandonar la fe y la relación con Dios. Y el lugar donde se conoce lo que hay en el corazón. Donde salen a luz los malos deseos, las motivaciones equivocadas y la situación de estar dividido interiormente.

> Mas él, conociendo los pensamientos de ellos, les dijo: Todo reino dividido contra sí mismo, es asolado; y una casa dividida contra sí misma, cae. *(Lucas 11:17 RVR1960)*

Estar de acuerdo consigo es como una casa firme, que tiene un buen fundamento y sobre el cual se puede edificar. Viviendo en la luz, enfrentando con valor los retos que amenazan con hacer volver atrás. Las víctimas de abuso sexual se sienten interiormente divididas, primordialmente en temor. Poseen un alma dividida que no puede encontrarse a sí misma por no saber reconectar lo que el agresor rompió. Continua y persistentemente trata de reconciliar lo irreconciliable, y procura cubrirse con vestidos de hojas de justificaciones y de harapos de esclavo.

Algunos factores que contribuyen a una casa dividida son: rechazo social y de familiares, temor, falta o baja autoestima y coraje. Por el contrario, alguno agentes unificadores son el perdón, la tolerancia, la fe y las relaciones que inspiran a seguir adelante, a lograr alguna medida importante de salud. No hay que esperar a que la casa dividida se autodestruya y las cosas se salgan de control. Cuando se reconecta la vida consigo mismo y con Dios, las divisiones y los fragmentos se juntan para la reconciliación. Y sobre este tema el Señor Jesús enseñó la parábola acerca del hijo que se fue y que encontrándose necesitado de los cuidados y del amor de su padre, decidió regresar.

Habían pasado alrededor de tres años en una provincia apartada cuando voluntariamente decidió emprender el camino de regreso a casa. El Padre al verlo, lo abrazó, lo besó y dio instrucciones para que le pusieran ropa nueva y un anillo que renovaba los derechos de hijo. Para celebrar el acontecimiento ordenó que se hiciera una fiesta.

Pero el padre dijo a sus siervos: Sacad el mejor vestido, y vestidle; y poned un anillo en su mano, y calzado en sus pies. (Lucas 15:22 RVR1960)

Mas era necesario hacer fiesta y regocijarnos, porque este tu hermano era muerto, y ha revivido; se había perdido, y es hallado. (Lucas 15:32 RVR1960)

Pero surgió un problema, el hermano mayor no estaba de acuerdo con la celebración. A su juicio, su hermano debía pagar la falta o al menos no ser objeto de una fiesta de bienvenida.

Y su hijo mayor estaba en el campo; y cuando vino, y llegó cerca de la casa, oyó la música y las danzas; y llamando a uno de los criados, le preguntó qué era aquello. Él le dijo: Tu hermano ha venido; y tu padre ha hecho matar el becerro gordo, por haberle recibido bueno y sano. Entonces se enojó, y no quería entrar. (Lucas 15:25-28a RVR1960)

Cuando un hijo regresa no siempre todos se alegran. Puede haber prejuicio, temor, coraje y un disimulado deseo de que debe pagar y no celebrar. Podrán oírse comentarios hirientes como: no tiene remedio, se lo buscó, no me gustaría estar cerca de esa persona, se irá otra vez, no es confiable, no dejaría que se casara con mi hijo(a), y otros.

El hijo recién llegado no debe detenerse a considerar las expresiones hirientes de otros. Su atención y su mirada deben estar puesto en el Padre que le recibió, le amó, le perdonó y le vistió.

Existen hijos en la casa de Dios que insisten en ver a sus hermanos como si aún estuvieran desnudos o vistiendo las vestiduras viejas. Con desconfianza, con sospecha y como si no fueran dignos de estar allí. Tropiezan con sus actitudes, sus costumbres y hasta el modo de hablar que aprendió en la provincia apartada. Esa clase de rechazo revive las condiciones de la tierra de esclavitud y la mentalidad de esclavo que el Padre desea que olvide.

Lo siguiente es un ejercicio de fe para personas que hayan sido víctimas de abuso sexual.

Cierra tus ojos y piensa en Dios como un padre. El padre que quisiste tener: amoroso, justo, y correcto. Toma su mano e invítale a que te acompañe al día y al momento en que fuiste víctima de tu agresor. Nadie va a estar con ustedes, estás solo tú y Él. Procura revivir cada detalle de lo ocurrido. Como el lugar, el color de la ropa del agresor, el detalle del clima, la hora, el contacto, su piel, el olor de su cuerpo... Las palabras que pronunció, tus respuestas, los acuerdos... Mientras más recuerdes mejor. Mantente en silencio y permítele a Dios intervenir.

Procesa en tu interior lo que Dios te está trasmitiendo. Él se está colocando entre tú y tu ofensor. Te está otorgando autoridad espiritual sobre él. Uno más fuerte llegó a tomar el control.

Cuando el hombre fuerte armado guarda su palacio, en paz está lo que posee. Pero cuando viene otro más fuerte que él y le vence, le quita todas sus armas en que confiaba, y reparte el botín. (Lucas 11:21-22 RVR1960)

El ofensor había sido lo más fuerte que habías conocido y sentido. Lo cierto es que, aunque parecía león, era un gatito cobarde, sin más poder que el que le brindó la oportunidad de ser abusador. Su confianza en que nadie se enteraría desapareció. Su palacio de iniquidad fue saqueado por la luz de Dios, y las armas que forjó en contra de ti dejaron de ser efectivas. Tu tragedia dejó de ser un secreto, Dios vio y sabe directamente de ti lo que pasó ese día. La fuerza de las tinieblas que operan detrás de un secreto no te alcanza más. Desde hoy comenzarás a no verte más como víctima. Te ha sido dado poder espiritual y autoridad sobre esos hechos. Tu entendimiento acerca de lo ocurrido dejó de ser el de un niño.

Para las víctimas de abuso sexual Jesús ofrece:

- Nuevas vestiduras.
- Justicia completa sin necesidad de desquites o venganzas.
- Limpieza del pecado y de las conexiones a las cuales el niño fue inducido.
- Liberación de culpas sin necesidad de echarlas sobre otro(a).
- Liberación de la vergüenza de sí —el agresor es quien debe sentirla.
- Total aceptación sin rechazo —Dios ha dicho que estoy bien y OK.
- Amor de Padre —Dios es padre eterno, el otro fue temporero.
- Liberación del temor —temer al hombre esclaviza; temer a Dios trae paz y libertad.
- Sin envidias —soy diseño único, completo y un buen modelo, aunque no perfecto.
- Estoy completo en Él y nada me falta.
- Amor —su amor puro e incondicional por mí no cambiará.
- Gracia —si Dios nos dio a Jesús nos dará en Él todo lo que necesitamos.
- Identidad —no vivo yo, Cristo vive en mí.
- Hogar —vivo emocionalmente en familia, aunque esté físicamente solo.

- Sin sentido de soledad —Dios no se aparta, yo soy quien me alejo.

    Declaración de perdón hacia la(s) persona(s) agresora(s) mencionando su(s) nombre(s).

_____
_____
_____
_____
_____

    Oración:_____

_____
_____
_____

Conversemos sobre espiritualidad, rehabilitación y fe cristiana

Intimidad aprendida

La comunión íntima de Jehová es con los que le temen, y a ellos hará conocer su pacto. (Salmos 25:14 RVR1960)

Para las víctimas de abuso sexual y maltrato es difícil asimilar el concepto de intimidad. La razón es que aprendieron a recibir afecto y aceptación a través de la relación que el agresor enseñó mediante el actuar con poca o ninguna comunicación. Con mucha probabilidad este no se interesó en saber sobre la fecha del cumpleaños de su víctima, su juguete favorito, su progreso escolar o si creía en ángeles protectores y en Dios.

El adulto victimizado entiende el concepto de intimidad como una relación en la que únicamente utiliza su cuerpo. Ante las muestras de cariño se siente intimidado, amenazado y muy incómodo. La razón es que no puede conectarse. Adicciones al uso de sustancias y alcohol provee los elementos que estimulan a repetir la experiencia de intimidad aprendida.

Estas son algunas similitudes que inconscientemente se repiten:

1. La experiencia ocurre en lo oculto.
2. Alejado de la familia y de la gente emocionalmente sana.
3. En un ambiente de promiscuidad y/o una relación menos estresante.
4. En un tipo de intimidad engañosa y peligrosa.
5. Reafirmando el no derecho a vivir en la luz.
6. Reviviendo las circunstancias emocionales del pasado.
7. Buscando vestirse se hace más evidente su desnudez.
8. Anhelando conectarse se desconecta más y se profundiza el sentido de rechazo, de indignidad y de no ser adecuado en ningún rol de la vida.
9. _____

La ropa ensangrentada de un hijo

Y viendo sus hermanos que su padre lo amaba más que a todos sus hermanos, le aborrecían... (Génesis 37:4a RVR1960)

Jacob no sabía que los celos y el menosprecio que diez de sus once hijos adultos sentían hacia José terminarían en tragedia. El abuso emocional del cual fue objeto José por parte de sus hermanos terminó en asalto físico violento. Un día, los malvados hermanos lo asecharon y en un paraje solitario rasgaron con coraje la túnica de colores que su padre le había obsequiado. No lo mataron, pero lo entregaron a extraños que lo vendieron como esclavo. Medio desnudo, aprendió a conocer un nuevo mundo y una nueva realidad, mientras su padre aguardaba a la entrada de su tienda por noticias del paradero de su pequeño. Finalmente, los diez hermanos enfrentaron a su padre y le ocultaron con engaño su crimen. Le mostraron la túnica de José rasgada y manchada con la sangre de un animal. —José ha muerto —le dijeron—, ¡un animal salvaje ha hecho esto!

La experiencia de José es la misma que enfrenta un niño a manos de adultos que se supone que deben protegerlo. Y Jacob, testimonio y ejemplo de los padres que han sufrido y sufren la pérdida de hijos a manos de gente criminal. Son padres que lloran cada día a sus hijos desaparecidos, aferrándose a un cada vez más fino hilo de esperanza.

En casos de hijos desaparecidos y abusados, la pérdida ocurre en lo emocional y en lo físico. Un niño abusado está físicamente presente pero ausente y distante emocionalmente. El agresor, además de separarlo de su hogar, lo ha empujado a un camino de esclavitud, desconexión y sufrimiento. Las manchas de sangre en las ropas de esos niños siguen ahí, representadas en profundas heridas emocionales que el abusador causó.

La presencia del agresor criminal es una sombra que no se aleja de la puerta de los hogares de esos niños. Lamentablemente existen padres que cierran la puerta de sus corazones pretendiendo que nada ha sucedido. Otros siguen abiertos a la esperanza de saber qué pasó para ayudar a sus hijos para limpiar sus ropas y recuperar en cuanto sea posible lo que han perdido.

Para reflexionar:

Algo que se puede hacer por un hijo que se ha perdido es orar.

Huir sin que nadie te persiga

Huye el impío sin que nadie lo persiga; mas el justo está confiado como un león. (Proverbios 28:1 RVR1960)

Quien huye sin que nadie lo persiga:

- Tiene temor.
- Se siente solo.
- Ignora su fuerza espiritual.
- Perdió la confianza en sí mismo.
- No se siente capacitado para pelear.
- Atribuye a quien le persigue demasiado poder.
- Difícilmente escucha.
- Perdió el valor.
- No conoce a su enemigo.
- Piensa que no tiene dónde refugiarse.
- Sus emociones lo controlan.
- No diferencia la realidad de la fantasía.
- Vive centrado en sí mismo.
- No conoce a Dios; es impío.
- Está desconectado de su familia.
- Pudiendo ser competidor, corre solo.
- No conoce su poder, su capacidad ni su fuerza.

Pensamiento:

La confianza genera fuerza y poder.

Para reflexionar:

El que huye, nunca llega a ningún lado y le pasan por el lado las oportunidades.

El engaño de la dependencia

Bendito el varón que confía en Jehová, y cuya confianza es Jehová. (Jeremías 17:7 RVR1960)

Dependencia:

- Es una forma de idolatría que sustituye a Dios.
- Es demostración de debilidad; se nutre de la fuerza de otro (persona o cosa).
- Es generado por un conflicto de lealtades; tiene su corazón dividido.
- No deja ser quien es realmente, por lo que es una cosa distinta y deforme.
- No permite que se desarrolle a plenitud el potencial porque el temor lo inhabilita.
- Es una voluntad comprometida que le incapacita para decidir.
- Es no confianza en Dios; no cree ni acepta su presencia.
- Es sentirse sin opciones, por lo que su destino será depender.
- Es sustituir lo espiritual con lo material acallando la voz del espíritu.
- Convierte en esclavo a otro(a) en lo emocional, psicológico y en lo físico.
- Aleja de Dios y no acepta el señorío de Jesús.
- Hace vulnerable y más susceptible a sufrir decepciones y frustraciones.
- Cega espiritualmente, por lo que otorga valores equivocados y confusos.
- No conoce límites, por lo cual no soporta estar solo.
- Es niñez emocional con poca o ninguna madurez.

Para reflexionar:

La dependencia estorba el desarrollo personal y espiritual. Cuando confiamos en Dios plenamente, podemos confiar en las personas de manera saludable y correcta.

Visión y espiritualidad

...(porque por fe andamos, no por vista)... (2 Corintios 5:7 RVR1960)

La espiritualidad afecta negativa o positivamente la manera que se interpreta lo que está a la vista, comenzando por sí mismo. Ello significa que, si la opinión que tengo de mí es negativa, entonces las acciones, palabras y el futuro que visualizo será igualmente negativo.

La visión natural interpreta el mundo tal cual lo ve. Y existe lo que se conoce como visión carnal, que solo aplica a los creyentes, la cual consiste en poner el criterio personal a la voluntad de Dios.

Identifica el tipo de visión espiritual y carnal en los siguientes casos:

1. Los discípulos vieron un campo de trigo – Jesús una cosecha de almas.
2. Los espías negativos vieron gigantes invencibles – Josué y Caleb tuvieron fe en el éxito de su misión de derrotarlos.
3. La cruz significó para muchos un fracaso – Jesús se gozó viendo a la distancia a los salvados y a la Iglesia.
4. El ser humano mira y juzga según la apariencia – Dios ve el corazón.
5. Job en algún momento dejó de verse enfermo y se entusiasmó en la fe de que si moría vería a Dios.
6. Gedeón pensó que, a mayor cantidad de soldados, su victoria sería más segura – Dios redujo su ejército de 3,000 a 300 y con ellos venció a sus enemigos.
7. Abraham estuvo dispuesto a sacrificar a su hijo en obediencia. Creyó que Dios podía levantarlo de los muertos y hacer su descendencia más numerosa que las estrellas.
8. Giezi se sintió solo y temeroso ante el acoso de los enemigos del pueblo de Dios - Entonces Eliseo oró para que le fueran abiertos los ojos y viera el gran ejército de huestes celestiales que los acompañaban.
9. Jesús escogió por discípulos a un pescador como Pedro, a un tramposo como Mateo y a un traidor... Todos con la misma oportunidad de alcanzar un buen propósito.

Para reflexionar:

¿Cómo es tu visión de vida? ¿Negativa, carnal, natural o espiritual?

Límites y paredes

Porque él es nuestra paz, que de ambos pueblos hizo uno, derribando la pared intermedia de separación... (Efesios 2:14 RVR1960)

A quien no le interesa los procesos de rehabilitación necesita que la familia le imponga paredes; y quien se está esforzando necesita límites. Las paredes son como el amor firme y sabio, cuyo fin no es destruir sino disciplinar para lograr cambios. Hay gente en adicción que piensa que tienen el derecho de destruir a sus familias. Son malos, degenerados, que no tienen consideración de las lágrimas de una esposa, de sus hijos o unos padres de edad avanzada. Y aunque parezca cruel, ha sido precisamente la lección de vida que algunos han necesitado para tener un despertar interior.

Los límites, en cambio, son medidas preventivas cuidadosamente planificadas que ayudan a evitar riesgos. Tales medidas serían explicadas a la persona en rehabilitación con mucho amor y respeto. Entre esos límites podrían incluirse restricciones para el uso del auto, manejo de dinero adicional, horas de llegada, rendir cuentas, llamadas demasiado privadas que no pueden ser escuchadas por el resto de la familia. Y la advertencia de que, de haber un problema legal, enfrentaría solo sus consecuencias. Los límites no son maneras de castigar, sino formas de disciplinar.

Ni las paredes ni los límites son para toda la vida. Hay que tener confianza en que la gente aprende, y tener esperanza de que nuestros seres queridos recuperarán el sano juicio. Ya Dios dijo que la mejor forma de derribar muros es con la fuerza del amor. Amor firme, inteligente, que da una oportunidad tanto a quien se encuentra tras una pared como a quien está aprendiendo a caminar con ayudas especiales.

Oración:

Señor, que no sea yo quien construya muros y pueda contribuir a derribar los que me separan con la fuerza del amor.

Dios habla continuamente

...y habló Jehová con vosotros de en medio del fuego; oísteis la voz de sus palabras... (Deuteronomio 4:12a RVR1960)

Sin embargo, en una o en dos maneras habla Dios; pero el hombre no entiende. (Job 33:14 RVR1960)

Dios habla porque es un ser espiritual, vivo. Conversó con Adán y Eva en el huerto del Edén y con Moisés al darle los Mandamientos en el Sinaí. Dios habló por medio de profetas y a través del Señor Jesús quien fue y es la máxima expresión del carácter y del pensamiento del Soberano Rey del Universo.

Todo aquel que ve y escucha a Jesús, mira y escucha a Dios. Y el Espíritu Santo como una parte de ellos actúa enseñando cosas que no sabemos. Mostrando detalles y un conocimiento vedado a los ojos naturales, pero mostrados a los espirituales, y que podrían indicar una puerta de salida.

Dios se comunica con gente que tiene una relación con Él como un padre hace con su hijo. Sus palabras representan un conocimiento expresado en mandamientos; mientras que su voz, relación y comunión. Es posible saber el mandamiento y memorizarlo y no oír la voz que trasmite su intención, su gran amor y su propósito. Un niño que es disciplinado por su padre sabe, a pesar de las palabras, su intención. Profundamente sabemos cuándo nos quieren y cuándo no nos quieren, gracias a la voz y no necesariamente a las palabras.

Dios habla continuamente pero el hombre no entiende. Tal vez porque sabe muchos mandamientos, pero no conoce su voz.

Para reflexionar:

La gente se comunica más por su carácter y la intención que por las palabras.

Jonás, el que huye

Y Jonás se levantó para huir de la presencia de Jehová a Tarsis, y descendió a Jope, y halló una nave que partía para Tarsis; y pagando su pasaje, entró en ella para irse con ellos a Tarsis, lejos de la presencia de Jehová. (Jonás 1:3 RVR1960)

De otros hombres de Dios se dice que decidieron, otros que se propusieron y obedecieron; pero de Jonás se dice que huyó. Aunque sabía que nadie puede huir de la presencia de Dios, de todos modos, lo intentó. Su acción pudo deberse a que el huir era una característica de su carácter.

Quien vive una adicción activa vive huyendo constantemente. Huye del dolor, de los retos difíciles, del éxito, de lo que le ocasiona estrés y a someterse a una autoridad. Como Jonás, el adicto justifica su conducta usando incorrectamente argumentos sobre el carácter y la justicia de Dios. Por ejemplo, que por su voluntad está en la adicción, que es un castigo, que Dios no le ama, que es injusto y que le dejó solo.

Quien huye, busca donde esconderse y la manera de desconectarse. Jonás lo hizo yéndose a otro lugar lejos de su familia y sus hermanos, e intentó desconectarse durmiendo. Se refugió en su camarote, casi escondido, mientras la tormenta amenazaba con hundir el barco en que viajaba. Así el adicto suele huir y dormir mientras su casa y lo que le rodea se cae en pedazos.

Jonás fue confrontado y lanzado del barco al tormentoso mar de su realidad y del caos que había provocado, y hasta entonces surgió la esperanza de un cambio. En medio del mar que amenazaba su vida, Dios utilizó efectivamente a un pez que lo devolvió al lugar que debía estar.

Para reflexionar:

Medita ahora en las formas y medios que Dios ha utilizado para detenerte y lo que está usando ahora.

Voluntades que significan respuestas que marcaron la vida

- Dios – se propuso amar y salvar.
- Jesús – hacer la voluntad del Padre.
- Job – voluntad sostenida en el juicio y criterio personal.
- David – voluntad de búsqueda de la belleza de la presencia de Dios.
- Salomón – buscar la sabiduría.
- Pablo – amar a Cristo por sobre todas las cosas.
- Samuel – experimentar la grandeza de la obediencia.
- Nehemías – edificar al servicio de Dios.
- Daniel – servir y adorar con pureza de corazón.
- Abraham – triunfar por medio de la fe sobre la lógica.
- Noé – la voluntad de obedecer, aunque no entienda.
- Josué – voluntad guerrera.
- Elías – voluntad celosa del culto a Dios.
- Juan el apóstol – voluntad amorosa y leal.
- Jeremías – voluntad sufrida en la esperanza.
- Moisés – la voluntad de preferir lo eterno sobre lo terrenal.
- Jacob – amar a Dios a pesar de las fallas de carácter.
- Sansón – amar a Dios a pesar de sus debilidades de carácter.
- Lucas – servir a Dios escribiendo.
- Jonás – emocionalmente inmaduro, aunque alcanzó a hacer lo que Dios quería que hiciera.
- Gedeón – obedecer a Dios por sobre las costumbres paganas de sus padres.
- Natanael – voluntad para la integridad y la verdad.

Para reflexionar:

¿Con cuál de estos personajes te identificas?

Que no se ponga el sol y sigas enojado

Airaos, pero no pequéis; no se ponga el sol sobre vuestro enojo...
(Efesios 4:26 RVR1960)

El enojo es una emoción natural, y la ira es su manifestación física que puede expresarse en contra de otro o de sí mismo. La ira es una emoción tóxica y esta siempre trae consecuencias negativas. El enojo que dura hasta que se pone el sol, o más de un día, podría convertirse en ira y deberse a alguna de las siguientes razones:

- Porque se piensa que se ha perdido control sobre personas y situaciones.

- Por creer que han afectado su sentido de justicia o de derecho personal.

- Por sentirse culpable de la situación que provocó el coraje.

- Sentirse confundido en relación con lo que causó la situación.

- Fueron tocadas áreas muy personales y sensibles que no han sido trabajadas adecuadamente.

El Señor Jesús es el único ser que tuvo licencia para airase. Esto ocurrió el día que volcó las mesas de los cambistas en el templo. Y pudo hacerlo porque sabía exactamente sus límites y tener además absoluto control de sí. Sabía que su lucha no estaba dirigida a los cambistas sino al espíritu de avaricia que los motivaba.

No hay que permitir que un enojo dure tanto. Ante una situación desagradable, se puede expresar incomodidad, indignación, tristeza o decepción. Pero el enojo es algo que deberá quedar resuelto antes que el sol se ponga.

Pensamiento:

El enojo que dura más de lo debido se convierte en un alud de tierra y lodo que sepulta buenas relaciones.

Natanael, un hombre sin engaños

Cuando Jesús vio a Natanael que se le acercaba, dijo de él: He aquí un verdadero israelita, en quien no hay engaño. (Juan 1:47 RVR1960)

El Señor Jesús destacó dos características en Natanael: era una persona que conocía y amaba a su país y era íntegro. Ningún otro fue llamado por el Señor un «verdadero israelita». Natanael debió ser una persona que amaba el análisis, la reflexión y un conocedor de la promesa relacionada al esperado Mesías. Cuando Felipe le dijo sobre la procedencia de quien él pensaba era el Mesías, se asombró. La cuna o lugar de procedencia de este rey no correspondía al que esperaban.

El encuentro entre Jesús y Natanael resultó en una conexión de caracteres extraordinarios. Jesús representaba el lado perfecto y lo divino, y Natanael un carácter sin doblez y transparente. Natanael se llevó una gran sorpresa cuando el Señor le dijo que desde antes de ese momento le había visto. Al parecer había tenido un tiempo en privado debajo de un árbol de higuera lejos de la mirada de los suyos. Probablemente había tenido un tiempo de oración, de meditación o enfrentado alguna crisis personal.

En la Biblia se habla muy poco de este discípulo. ¿Imaginas al Dios Creador y perfecto destacando la virtud de la veracidad en un ser humano? La expresión «un hombre en quien no hay engaños» resume un carácter extraordinario. Tales palabras elocuentes brillan en el firmamento de lo que significa un carácter sin doblez y de confianza.

Pensamiento:

A pesar de los defectos de carácter se puede ser veraz.

Para reflexionar:

Debe ser un objetivo caminar este proceso de rehabilitación siendo íntegro, sin engaños.

Recuperó la visión poco a poco

Él, mirando, dijo: Veo los hombres como árboles, pero los veo que andan. Luego le puso otra vez las manos sobre los ojos, y le hizo que mirase; y fue restablecido, y vio de lejos y claramente a todos. (Marcos 8:24, 25 RVR1960)

Los milagros que ocurren en el orden físico o natural generalmente son instantáneos. Pero en esta historia en que el Señor devolvió la vista a un ciego, tuvo una segunda intervención, de lo cual no existe otro caso en los Evangelios. Cuando se habla de devolver la vista a un ciego, hay que hablar sobre la luz, porque gracias a ella es que pueden verse los colores y las cosas.

Además de la luz que Dios creó y mediante la cual todo lo viviente se nutre y tiene vida, existe la luz que alumbra la oscuridad espiritual del hombre. Nos referimos a la luz Jesús que enseña el camino al Padre. El salmista oró a Dios que le fueran abiertos los ojos para ver las maravillas de su ley:

Abre mis ojos, y miraré las maravillas de tu ley. (Salmos 119:18 RVR1960)

Y Job admitió que:

De oídas te había oído; mas ahora mis ojos te ven. (Job 42:5 RVR1960)

Como el niño al nacer desarrolla gradualmente el sentido de la vista, así ocurre a quien nace del Espíritu; porque la visión acerca de las cosas verdaderamente importantes va cambiando de acuerdo con el conocimiento y a la madurez. En cada etapa de la vida existe una luz que ilumina el propósito para el cual nacimos y fuimos elegidos, para ver tanto de cerca como de lejos.

Pensamiento:

No importa el tiempo que dure una visión en aclararse, ya Dios ha comenzado a obrar y terminará lo que comenzó.

Para reflexionar:

Abre mis ojos, y miraré las maravillas de tu ley. (Salmos 119:18 RVR1960)

La fe y la esperanza de Abraham

Él creyó en esperanza contra esperanza... (Romanos 4:18a RVR1960)

Y no se debilitó en la fe al considerar su cuerpo, que estaba ya como muerto (siendo de casi cien años), o la esterilidad de la matriz de Sara. (Romanos 4:19 RVR1960)

¿Qué pensarías si teniendo 100 años de edad, Dios se presentara frente a ti y te dijera que tendrás un hijo con tu esposa estéril que tiene 90? Pensarías que no es lógico, ni que tampoco es lo que por naturaleza Él mismo ha establecido. Probablemente pensarías que se trata de otro Dios, que no estás oyendo correctamente o que perdiste tu capacidad de entender su voz.

Abraham miró su cuerpo y el de su esposa, y consideró la promesa de un hijo como un sueño sin posibilidad de realizarse. Entonces renunció a su esperanza y se apoyó en quien había hecho la promesa. Y es entonces que ocurre lo que la Biblia llama «esperanza contra esperanza».

El regalo que Dios hizo a la humanidad al enviar a su Hijo es superior al milagro de vida que vivió Abraham y su esposa. Jesús es la culminación de toda bendición espiritual. Es la gran esperanza de un nuevo nacimiento y una nueva vida. El poder del Dios de Abraham, poderoso y Creador está por encima de las leyes naturales y hace posibles cosas más allá de lo que sabemos y entendemos.

¿Cuánto tiempo hace que estás cargando sobre tus espaldas el muerto de una adicción? No importa cuántos años hayan pasado, hoy es el momento para echar mano de la fe y la esperanza de Abraham. Tu mente y tus emociones podrían haber sufrido daño, pero no tu sistema reproductivo espiritual.

Para reflexionar:

Y ahora, que toda la gloria sea para Dios, quien puede lograr mucho más de lo que pudiéramos pedir o incluso imaginar mediante su gran poder, que actúa en nosotros. (Efesios 3:20 NTV)

Cansancio que alienta un cambio

En la multitud de tus caminos te cansaste, pero no dijiste: No hay remedio; hallaste nuevo vigor en tu mano, por tanto, no te desalentaste. (Isaías 57:10 RVR1960)

El cansancio es un llamado natural que el cuerpo envía cuando se siente falto de energía. La respuesta a ese llamado también natural es, por supuesto, descansar. Cuando se obedece este reclamo hay mejores resultados en la calidad del trabajo y el ánimo.

Cuando se vive en una adicción activa, los reclamos del cuerpo por un descanso no son obedecidos. Sea que esté lluvioso, haga calor o frío, sea de noche, de madrugada, mañana, fin de semana o día laboral; nada desalienta la compulsión por intentarlo una vez más.

En una adicción activa los cuerpos parecen desplomarse ante la falta de peso y los síntomas de una enfermedad parecen no existir. Generalmente esta clase de cansancio físico va acompañado de un profundo cansancio emocional/espiritual. Con todo eso halla nuevo vigor para continuar.

Mientras se continúa corriendo y huyendo no se puede pensar con claridad, oír la voz interior de la conciencia, ni tampoco la de Dios. Un cansancio que se prolonga por demasiado tiempo hace colapsar el cuerpo en una crisis de enfermedad, un problema legal o la perdida de la familia; o lo peor, la crisis de perderse de sí mismo.

Un cambio drástico en la rutina diaria sirve a hacer un alto. Posponer todo para observarse a sí mismo en personal reflexión en el ánimo de hacer decisiones y cambios.

Jesús dijo:

Venid a mí todos los que estáis trabajados y cargados, y yo os haré descansar. (Mateo 11:28 RVR1960)

El fin del negocio es mejor

Mejor es el fin del negocio que su principio... (Eclesiastés 7:8a RVR1960)

Iniciar un negocio es fácil, pero solo a su final se puede determinar si este fue bueno o si fue un mal negocio. En el gran negocio de la vida en el cual estamos, invertimos tiempo, esfuerzo e inteligencia. A este negocio entramos por una puerta angosta bajo gran tensión; luego llegaron otras situaciones de vida y la oportunidad de negociar bajo otras condiciones en otros tiempos y otras clases de crisis.

Hay quienes superaron los malos tiempos y lograron el éxito, pero otros se quitaron derrotados. Por ejemplo, en los negocios de índole económico, la gente trabaja por un salario en el cual venden su fuerza y sus talentos y compran cosas. Y en el gran negocio de crecer como seres humanos compramos y vendemos valores y virtudes. Pero en una adicción se compra nada para sí. Lo que se compra se va como por en un saco roto, mientras se vende a muy poco precio la vida misma.

El fin de todo negocio llega, incluyendo el negocio de la vida, o sea, morir. Y será como estar frente al gran espejo de la eternidad solo, sin ayudas y sin manera de evitarlo. Ese es un gran espejo en el cual hay la oportunidad de mirar cada transacción y decisión tomada, buena o mala. Y Dios, el gran supremo juez del universo pesará el total y no las partes de la vida de sus hijos con peso justo y misericordia.

Para reflexionar:

A todos los sedientos: Venid a las aguas; y los que no tienen dinero, venid, comprad y comed. Venid, comprad sin dinero y sin precio, vino y leche. ¿Por qué gastáis el dinero en lo que no es pan, y vuestro trabajo en lo que no sacia? Oídme atentamente, y comed del bien, y se deleitará vuestra alma con grosura. (Isaías 55:1, 2 RVR1960)

Pensamiento:

En el principio de este negocio por la vida aportamos nada, pero a su final todo cuenta.

Tu heredad es hermosa

Las cuerdas me cayeron en lugares deleitosos, y es hermosa la heredad que me ha tocado. (Salmos 16:6 RVR1960)

Para determinar la hermosura de algo, hay que mirarlo con interés y detenimiento más de una vez, y con el ánimo de determinar su valor. Existen diversos tipos de herencias incluyendo la genealógica. Las herencias no se escogen; nos tocan y no existe una que sea perfecta. Desde el pecado de Adán, toda herencia de sangre está contaminada con desequilibrios y carencias, que traen dolor y peguntas a veces sin respuesta en los seres humanos.

Y Dios eligió a una raza mediante la cual construyó la herencia de su reino en la tierra. Para ello, escogió a un hombre (Abraham), a un pueblo (Israel), a una tribu (Judá), a una familia (José y María) y al Señor Jesús para que fuera Salvador. En la herencia genealógica del Señor hay personas con vidas difíciles, como fue el caso de la ramera Rahab y el adúltero rey David.

Una herencia es el doloroso injerto familiar en un mundo caído y contaminado con maldad y carencias. Las herencias analizadas por partes y no en su totalidad, muestran un cuadro deforme, frustrante y deprimente. Pero si se mira en el conjunto se trata de una historia que se conecta con otra y conectan a Dios para preservación de las próximas generaciones. No importa cómo fue el origen, ni el quién, el cómo, ni el cuándo; la heredad que nos tocó es única y lleva a Dios. A un propósito en el cual podemos participar engrandeciendo, o ignorando la oportunidad de ser participantes en la edificación de su reino.

Para reflexionar:

Una herencia familiar implica mucho más que la apariencia del color de la piel, de los ojos y raza.

Pensamiento:

La herencia que puede verse se llama familia; no es perfecta, pero es hermosa.

Jesús: La mejor inversión

Entonces Zaqueo, puesto en pie, dijo al Señor: He aquí, Señor, la mitad de mis bienes doy a los pobres; y si en algo he defraudado a alguno, se lo devuelvo cuadruplicado. (Lucas 19:8 RVR1960)

Zaqueo tenía una cantidad importante de pulgadas de estatura bajo el promedio de la población. Probablemente era enano o estaba muy cerca de serlo. Era tan bajo de estatura que, en vez de abrirse camino en la multitud para ver a Jesús, prefirió subirse a un árbol.

Era una persona que llamaba la atención, no solo por su estatura, sino por la manera en que se ganaba la vida. Era cobrador de impuestos al servicio del imperio que subyugaba a su país, a sus amigos, sus vecinos y a su familia. Los cobradores de impuestos tenían fama de ladrones por lo que eran personas despreciables.

Como Zaqueo, el adicto tiene fama de ladrón, aunque no lo sea. Vive en desafío a la sociedad que critica su estilo de vida. Para conseguir lo que necesita puede valerse del truco, el engaño; y sus amigos generalmente son los de su clan. Al igual que Zaqueo, el adicto sabe los beneficios del dinero, pero ignora su valor.

Hasta el día en que se encontró con Jesús, Zaqueo no había tenido la oportunidad de hacer una buena inversión de su vida. Su riqueza estaba llena de vacío y soledad. Cuando Jesús lo llamó por su nombre y le dijo que deseaba compartir con él en su casa, no lo dudó un instante. Al hacer reposición, invirtió para el bien de su alma y lo eterno.

Jesús le dijo: Hoy ha venido la salvación a esta casa... Porque el Hijo del Hombre vino a buscar y a salvar lo que se había perdido. (Lucas 19:9a,10)

Para reflexionar:

¿De qué maneras Zaqueo vivía desconectado y cómo se conectó?

Viejo hombre viciado

En cuanto a la pasada manera de vivir, despojaos del viejo hombre, que está viciado conforme a los deseos engañosos, y renovaos en el espíritu de vuestra mente... (Efesios 4:22, 23 RVR1960)

Nacimos con una naturaleza pecadora conocida también como viejo hombre, con la capacidad de ser viciado. Se trata de la concupiscencia con que naturalmente todos nacimos como pecadores, que al ser seducida por un elemento exterior, produce o da a luz el pecado. Por ejemplo, hay padres que refuerzan esa naturaleza viciada institucionalizando la conducta adúltera y promiscua porque según ellos, se trata de un mal de familia. En cambio, otros procuran entenderla y mantenerla a raya en la medida que pueden. Y es esa naturaleza lo que lleva a practicar conductas autodestructivas.

Sobre esas conductas, los estudios aseguran que por tratarse de conductas aprendidas pueden ser desaprendidas. Lo cual significa que se puede volver a aprender a través de un buen modelaje, de relaciones personales saludables y un nuevo y correcto sistema de información; de lo cual es testimonio elocuente los grupos de apoyo y las comunidades de fe.

El espíritu que mueve la mente es su motor. Si lo que más lo estimula son pensamientos negativos, entonces así será la conducta. ¿Cómo se renueva la mente?: Oyendo con atención, recibiendo con humildad y practicando lo aprendido. Para incorporar una nueva conducta bastará practicarla de seis a ocho veces. Si la persona regresa a la antigua conducta entonces no es un asunto de conocimiento sino de la voluntad.

Para reflexionar:

Es imposible desarraigar el viejo hombre viciado. Lo que se puede hacer es mantenerlo sepultado y muerto renovando la mente en el poder de Dios y su Palabra.

El amor cubre multitud de pecados

Y ante todo, tened entre vosotros ferviente amor; porque el amor cubrirá multitud de pecados. (1 Pedro 4:8 RVR1960)

Cubrir no significa hacerse cómplice. Cubrir es una amorosa cobertura colocada sobre quien está sufriendo las consecuencias de sus fallas y sus pecados. Sí, es posible cubrir la desnudez de la vergüenza, de la pérdida, del desánimo y la desesperanza con la cálida cubierta del amor fraterno.

Un ejemplo de lo que significa cubrir con amor ocurrió durante la muerte de nuestro Señor en la cruz. La Biblia dice que cerca de las tres de la tarde las tinieblas cubrieron la tierra, y con ellas, el Padre desvió la atención de quienes observaban la desnudez de su Hijo.

Es imposible tener todas las respuestas al porqué de las fallas y los pecados de nuestros hermanos, a quien se nos manda a no juzgar. Pero, ¿cómo puedo cubrir a mi hermano? Una forma sencilla de hacerlo es: no hablando mal de él, insinuando, dando a entender, burlándose y no exponiéndolo.

Expresiones tales como: lo lograrás, no te preocupes, sigue adelante, confía y no pierdas la esperanza; son excelentes coberturas. Las expresiones de amor como la oración, el buen consejo y una sana amistad, son poderosos elementos que cubren.

Pensamiento:

El egoísmo y el temor alejan de la responsabilidad de cubrir a nuestro hermano.

Para reflexionar:

Las cosas que no entendemos ni podemos ayudar a resolver las cubrimos en amor.

Un discípulo

Y cuando era de día, llamó a sus discípulos, y escogió a doce de ellos, a los cuales también llamó apóstoles... (Lucas 6:13 RVR1960)

Un discípulo es alguien que:

- Es enseñable.
- Ha elegido a una escuela y a un maestro.
- No siente vergüenza de su condición de estudiante.
- Imita a su Maestro.
- Vive sus valores.
- No se adjudica la gloria que le corresponde a Él.
- Sabe que es parte de un plan que su Maestro conoce.
- Sirve voluntariamente y en humildad.
- Trabaja para adquirir tesoros en el cielo.
- Hace a otro discípulo.
- Tiene amor por otros.
- Deja todo por seguir a su Maestro.
- Su luz no es propia, es la de su Maestro.
- No hace cosas para ser; naturalmente es.
- No vuelve atrás.
- Reconoce sus errores —es íntegro—.
- No practica el egoísmo ni el orgullo.
- Se deja guiar.
- Tiene un corazón que sirve, que ama y busca el bien del otro.

Para reflexionar:

Quien sirve a una adicción se hace esclavo de ella. Quien se hace esclavo y discípulo del Señor vive en libertad.

Conversemos sobre espiritualidad, rehabilitación y fe cristiana

Diferencias entre un pacto y un plan

Plan	Pacto
Puede variar con las circunstancias.	No varía.
Se alimenta de los buenos deseos.	Se alimenta de decisiones.
Proviene de la mente y las emociones.	Proviene del Espíritu/Dios, es Dios de pactos.
Es unilateral.	Es entre dos.
Se relaciona con hacer cosas.	Se relaciona más al ser que al hacer.
Denota un grado de crecimiento.	Denota madurez.
Depende de otras personas.	Depende de ti mismo.
Es de corto, mediano o largo plazo.	Para toda la vida.
Sujeto a interpretación.	No sujeto a interpretaciones.
Se trata de seguir intentando.	Significa un término después de muchos intentos fallidos.

Pensamiento:

Los pactos con Dios no se invalidan. Cuando hizo pacto contigo pensó más en su fidelidad que en la tuya.

Para reflexionar:

Antes de salir de un centro de rehabilitación asegúrate de llevar contigo planes, pero sobre todo, un pacto.

Modelo de un pacto

Porque...

Mi adicción a _____, no ha contribuido a fortalecer positivamente mi carácter y he desperdiciado mi tiempo, mi dinero; he deshonrado mi cuerpo, a mi familia y a Dios:

Hoy, (fecha) _____ hago pacto ante Dios de:

- terminar desde este momento con la amistad, con la compra y la fantasía de vivir en la esclavitud de una adicción activa.

- no olvidar que soy incapaz de dominar por mí mismo los impulsos de mi adicción.

- fortalecer mi voluntad mediante el compromiso diario.

- continuar creciendo en el conocimiento, sabiduría y gracia de nuestro Señor, quien me ayuda a vivir en sano juicio.

- no desistir.

- no permitir que ninguna persona o circunstancia me aparte de este mi pacto.

- practicar la humildad y la generosidad lo cual me ayuda a vencer el egoísmo y el orgullo.

- no negociar mi libertad con el fin de obtener riquezas ni nada que represente riesgo de recaer.

- amar a Dios, a mi familia y orar por mis amigos en necesidad.

- no permanecer caído en caso de tropezar.

Firma: _____

Testigo: _____

Conversemos sobre espiritualidad, rehabilitación y fe cristiana

Prometo

1. Vivir lleno del Espíritu, y no al temporero *high* que proporciona la droga.

   No os embriaguéis con vino, en lo cual hay disolución; antes bien sed llenos del Espíritu... (Efesios 5:18 RVR1960)

2. Encarar mi dolor, como hizo Jesús en la cruz sin ayuda de químicos calmantes.

   ...le dieron a beber vinagre mezclado con hiel; pero después de haberlo probado, no quiso beberlo. (Mateo 27:34 RVR1960)

3. No esconderme con temor y vergüenza después de pecar, como hizo Adán.

   Y él respondió: Oí tu voz en el huerto, y tuve miedo, porque estaba desnudo; y me escondí. (Génesis 3:10 RVR1960)

4. No desperdiciar mi herencia como el hijo pródigo.

   No muchos días después, juntándolo todo el hijo menor, se fue lejos a una provincia apartada; y allí desperdició sus bienes viviendo perdidamente. (Lucas 15:13 RVR1960)

5. Obedecer a las leyes establecidas porque haciéndolo honro a Dios.

   Sométase toda persona a las autoridades superiores; porque no hay autoridad sino de parte de Dios, y las que hay, por Dios han sido establecidas. (Romanos 13:1 RVR1960)

6. Vivir en la verdad, alejado de fantasías engañosas que desvíen mi mente.

   Y volviendo en sí, dijo: ¡Cuántos jornaleros en casa de mi padre tienen abundancia de pan, y yo aquí perezco de hambre! (Lucas 15:17 RVR1960)

7. Proteger mis principios y costumbres como el tesoro que una adicción no debe dañar.

   No erréis; las malas conversaciones corrompen las buenas costumbres.

   (1 Corintios 15:33 RVR1960)

8. No colocarme en riesgo de acortar mis días.

   ¿Quieres tú seguir la senda antigua que pisaron los hombres perversos, los cuales fueron cortados antes de tiempo, cuyo fundamento fue como un río derramado? (Job 22:15, 16 RVR1960)

9. Mirar con gozo el triunfo de la obra de Dios en mí por más lejos que me sienta de ello.

   ...puestos los ojos en Jesús, el autor y consumador de la fe, el cual por el gozo puesto delante de él sufrió la cruz, menospreciando el oprobio, y se sentó a la diestra del trono de Dios. (Hebreos 12:2 RVR1960)

10. Otorgar honor a Dios por causa de los héroes de la fe y testigos que han partido y que nos observan.

    Por tanto, nosotros también, teniendo en derredor nuestro tan grande nube de testigos, despojémonos de todo peso y del pecado que nos asedia, y corramos con paciencia la carrera que tenemos por delante... (Hebreos 12:1 RVR1960)

Mejor quítame la vida

Si vas a seguir tratándome así, mejor quítame la vida, si es que de veras me estimas. Así no tendré que verme en tantas dificultades. (Números 11:15 DHH)

¿Has expresado a Dios el deseo de morir? La Biblia registra los nombres de varios personajes importantes que lo desearon. Todos ellos vieron en la muerte la mejor salida a sus crisis. Deseaban morir porque se sintieron sin ánimo, recursos, sin respuesta y sin la capacidad de afrontar el desafío de vida que tenían frente a ellos.

Una adicción es un desafío de vida que puede hacer perder el ánimo y la esperanza. Una atadura con tal poder es capaz de hacer pedir a Dios la muerte. Es ciertamente doloroso encontrarse en medio de este callejón sin luz, ni salida, ni respuestas, ni soluciones permanentes.

Alguien con un problema de adicción podría orar: ¡No puedo más con las complicaciones que conllevan una adicción, entonces, si me amas, llévame! A continuación, leerás algunas razones que pueden significar problemas reales por los cuales podrías estar pidiendo a Dios que te quite la vida:

- Pérdida de la familia tras muchos intentos de conservarla.
- Problemas legales que no se resuelven por falta de recursos económicos.
- Pérdida de la salud por causa de una adicción.
- Problemas emocionales y mentales que requieren medicación de por vida.
- Dificultad para ajustarte a las normas sociales.
- Problemas de identidad y de ajuste por haber sufrido abusos y maltratos.

Para reflexionar:

Al final de la historia bíblica, Dios no le quitó la vida a Moisés ni a los otros que lo pidieron, sino que proveyó a gente que les ayudaron a sobrellevar su carga. Dios provee respuestas y salidas usando los talentos y la sabiduría de otros.

Ayudando a otro a completar el camino

Respondió Rut: No me ruegues que te deje, y me aparte de ti; porque a dondequiera que tú fueres, iré yo, y dondequiera que vivieres, viviré. Tu pueblo será mi pueblo, y tu Dios mi Dios. (Rut 1:16 RVR1960)

La suegra Noemí y su nuera Rut han quedado solas; sus esposos han muerto y con ellos la esperanza de una herencia. Las probabilidades de lograr éxito son mínimas y el futuro es incierto y oscuro. Entonces Noemí decidió regresar a su tierra natal y Rut le dijo —no te dejaré sola; iremos juntas.

Es egoísta pensar que nuestro problema es el peor y el más grande. A nuestro lado camina un hijo, una madre o un padre anciano, un sobrino, un primo, un abuelo... Cada uno llevando los mismos temores, sueños y esperanzas que nosotros. Ellos también luchan por terminar bien su carrera. Les gustaría terminar con dignidad, con significado y pensando que su vida fue de utilidad a alguien.

No es preciso cargar la persona que camina a nuestro lado y menos arrastrarla; únicamente se espera que le acompañemos. Dándole la mano si cae, tolerándola, respetando la ley de Dios y la de los hombres, cuidándose uno al otro, con respeto, siempre mostrándose amigo y sin quitarse.

Hay al menos tres razones para no caminar al lado de alguien: porque acostumbra a violar la ley, por asuntos morales y si la vida está en peligro. Llegar al final de la vida con un buen y fiel acompañante produce gozo, satisfacción y una increíble sensación de haber completado bien el camino. Rut y Noemí terminaron bien, alcanzaron cada una su sueño y recibieron el bien y el favor de Dios.

Para reflexionar:

¿Has notado que en los velatorios la gente más inconsolable e inconforme son los que estuvieron ausentes y se sienten de algunas maneras responsables y culpables?

El águila que se crio como pollo

...pero los que esperan a Jehová tendrán nuevas fuerzas; levantarán alas como las águilas; correrán, y no se cansarán; caminarán, y no se fatigarán. (Isaías 40:31 RVR1960)

Un día, un extraño visitó una granja de pollos donde observó un aguilucho que comía, piaba y se comportaba como un pollo. El visitante advirtió al granjero acerca del error. Por lo que le pidió que le permitiera demostrarle que el ave que él pensaba que era un pollo, era en realidad un águila.

A la mañana siguiente ambos hombres se dirigieron a lo alto de una colina. Convencido de su razonamiento, el visitante lanzó al aguilucho hacia las frescas y suaves corrientes de aire incitándola a volar. La aterrada ave aleteó por varios minutos luchando por su vida y se estrelló en la tierra.

El próximo día fue llevada a otro lugar donde nuevamente fue expuesta a encontrar su verdadera naturaleza. En esa ocasión el águila observó desde lo alto a un grupo de pollos que comían. Y recordando su pasado, dejó de esforzarse y regresó a continuar practicando la conducta aprendida.

Sin darse por vencido, el visitante realizó un tercer intento desde un lugar más alto. Pacientemente esperó las corrientes más fuertes de aire y lanzó al ave en contra de ellas. En esta ocasión, el ave encontró su verdadera naturaleza y con la ayuda del viento contrario se mantuvo en vuelo. Ese día quedó demostrado que las costumbres y la dieta de los pollos, no prevalecen cuando se es expuesto a practicar el diseño de vida para el cual fuimos creados.

Pensamiento:

Tienes la capacidad de ser águila a pesar de haber aprendido la dieta y las costumbres de los pollos.

Para reflexionar:

Medita en las diferencias entre actuar y pensar como pollo y de hacerlo como águila.

Habla bien, come bien

El que sacia de bien tu boca de modo que te rejuvenezcas como el águila. (Salmos 103:5 RVR1960)

El águila, como el cristiano, se alimenta y se rejuvenece con alimento vivo y fresco. El cristiano obtiene su alimento vivo y fresco en la Palabra de Dios, mientras que el águila lo encuentra en su caza. El águila, como el cristiano, podrá experimentar un periodo de debilidad por causa de la ingestión de alimentos tóxicos o enfermos; por ingerir alimentos que no sabe que está enfermo y el cristiano por hablar palabras corrompidas. El Señor Jesús lo explicó así:

No lo que entra en la boca contamina al hombre; mas lo que sale de la boca, esto contamina al hombre. (Mateo 15:11 RVR1960)

La Biblia contiene numerosos pasajes en que las palabras pronunciadas tuvieron el efecto de construir o destruir, de bendecir o emitir sentencias graves de maldición. Entre las palabras que destruyen están los chismes, la mentira, las maldiciones, calumnias, las ofensas y las palabras con mensajes negativos. Esas y muchas otras son ejemplos de alimento contaminado. Por otro lado, el hablar bondad, verdad, el bendecir a otros, ser pacificador, el estudio de las Escrituras, el ayuno, la reflexión y la oración tienen un efecto sanador. Realiza el siguiente ejercicio: Habla correctamente y revisa tu estado de ánimo. Haz la misma prueba hablando negativamente y reflexiona sobre la diferencia.

Pensamiento:

Habla bien; come bien.

Para reflexionar:

El mal que propagas con tus palabras te hace más daño a ti que a quien lo diriges. El efecto en el otro es temporero, en ti el daño puede ser permanente.

Nacer de nuevo

Jesús le dijo: -Te aseguro que el que no nace de nuevo, no puede ver el reino de Dios. (Juan 3:3 DHH)

Con bastante frecuencia se oye a personas sobrevivientes de tragedias decir que «nacieron otra vez». El impacto de esa experiencia parece haber sido tal, que les ha hecho reflexionar sobre las cosas verdaderamente valiosas e importantes. Hay otro grupo que procura en vano ese nuevo comienzo partiendo de un nuevo año, del ideal de un nuevo esposo(a), una nueva casa o vecindario.

La antigua civilización maya practicaba un ritual de renovación en la persona que cumplía 52 años de edad. Durante la ceremonia, esta se deshacía de sus posesiones personales más valiosas y era como nacer otra vez. El nuevo nacimiento que enseñó el Señor Jesús es la manera de iniciar una nueva visión de vida en el reino de Dios fundada en valores eternos. El Señor Jesús habló acerca de esto a Nicodemo, un maestro de la ley:

Jesús le dijo: -Te aseguro que el que no nace de nuevo, no puede ver el reino de Dios. Nicodemo le preguntó: -¿Y cómo puede uno nacer cuando ya es viejo? ¿Acaso podrá entrar otra vez dentro de su madre, para volver a nacer? Jesús le contestó: -Te aseguro que el que no nace de agua y del Espíritu, no puede entrar en el reino de Dios. Lo que nace de padres humanos, es humano; lo que nace del Espíritu, es espíritu. No te extrañes de que te diga: "Todos tienen que nacer de nuevo." El viento sopla por donde quiere, y aunque oyes su ruido, no sabes de dónde viene ni a dónde va. Así son también todos los que nacen del Espíritu. (Juan 3:3-8 DHH)

El Señor está diciendo a Nicodemo que el nuevo nacimiento que viene de Dios no tiene que ver con carne ni sangre —humano—. No es un nacimiento que se origina en la mente, en la inteligencia o algún estudio teológico avanzado. Nacer de nuevo no es un acto de magia, sino la culminación del buen trabajo de Dios en sus hijos. Un trabajo en el cual y durante el paso de los años ha habido voz, movimiento y calor para que la llama que humea no se apague.

Un trabajo intenso como la fuerza del viento, y milagroso como el crecimiento y distribución de los huesos del feto de la mujer en cinta (referencia a Eclesiastés 11:5). Nacer de nuevo es la historia de una voluntad que llegó a rendirse a Dios; de un Espíritu de gracia que alienta y sustenta la nueva vida que la vieja procura mantener muerta.

Cuando Nicodemo fue a ver al Señor, estaba listo para vivir una nueva etapa en su vida de creyente. En su ser había una profunda hambre y sed de justicia que la ley no había suplido. Sabía que Dios era mucho más de lo que la ley le había enseñado y encontró su respuesta en el Señor Jesús.

Nicodemo no fue contado entre el número de los doce apóstoles, pero estuvo al pie de la cruz cuando la mayoría había huido y ayudó también a descender su cuerpo. Con ese gesto desafió a los de su religión y dio testimonio de su experiencia de fe a sus amigos y a su familia.

El rol de la familia en el nuevo modelo de vida de uno de los suyos

Gedeón

> *Entonces Gedeón tomó a diez de sus sirvientes e hizo todo lo que el Señor le había mandado; sólo que no lo hizo de día, sino durante la noche, por miedo a la familia de su padre y a los hombres de la ciudad. (Jueces 6:27 DHH)*

El capítulo 6 del libro de Jueces relata la experiencia de Gedeón, el hijo más pequeño de una familia pobre de la tribu de Manasés. La historia relata que Dios eligió a este hombre, que llamó esforzado y valiente, para defender a su pueblo del asedio madianita. En ese tiempo, Israel se había vuelto al culto de los ídolos Baal y Asera, de los cuales los padres de Gedeón eran adoradores. Entonces Dios ordenó a Gedeón que destruyera esos altares, lo cual hizo de noche por temor a represalias. A la mañana siguiente, cuando sus padres y los vecinos investigaron, señalaron a Gedeón como el responsable.

El apóstol Pablo

> *...y nos gloriamos de ser de Cristo Jesús, y no ponemos nuestra confianza en las cosas externas. Aunque también yo tengo razones para confiar en tales cosas. Nadie tendría más razones que yo para confiar*

en ellas: me circuncidaron a los ocho días de nacer, soy de raza israelita, pertenezco a la tribu de Benjamín, soy hebreo e hijo de hebreos. (Filipenses 3:3b-5a DHH)

Pero todo esto, que antes valía mucho para mí, ahora, a causa de Cristo, lo tengo por algo sin valor. Aún más, a nada le concedo valor si lo comparo con el bien supremo de conocer a Cristo Jesús, mi Señor. Por causa de Cristo lo he perdido todo, y todo lo considero basura a cambio de ganarlo a él... (Filipenses 3:7, 8 DHH)

El apóstol Pablo tras su conversión, revaluó la relación con su familia. Reconoció la honorabilidad de ella, pero aun así lo tuvo por menos valor ante el conocimiento excelente del Señor Jesucristo, por quien se consideraba haber perdido todo.

El Señor Jesús

-¿Por qué me buscaban? ¿No sabían que tengo que estar en la casa de mi Padre? (Lucas 2:49b DHH)

El Señor Jesús es el mejor ejemplo de la manera en que hay que establecer límites con los padres a la hora de obedecer y vivir para lo que fuimos llamados. En ese momento tenía apenas 12 años de edad y se encontraba en el templo celebrando la Fiesta de Pascua con sus padres José y María. Cuando la fiesta finalizó y la familia regresaba, notaron la ausencia de Jesús en el grupo. Lo que había ocurrido es que se había quedado en el templo con los maestros de la ley escuchándolos y haciéndoles peguntas. Más tarde durante su ministerio enseñó:

El que quiere a su padre o a su madre más que a mí, no merece ser mío; el que quiere a su hijo o a su hija más que a mí, no merece ser mío... (Mateo 10:37 DHH)

Si alguno viene a mí y no me ama más que a su padre, a su madre, a su esposa, a sus hijos, a sus hermanos y a sus hermanas, y aun más que a sí mismo, no puede ser mi discípulo. (Lucas 14:26 DHH)

El Señor no pide a sus discípulos que rechacen a su familia, sino que le amen más a Él. Que establezcan límites saludables con ellos, de modo que esté disponible para amarlo con todo el corazón, el alma, la mente y las fuerzas

Palabras claves en un proceso de gestación para el nuevo nacimiento:

1. Sensación - existe una sensación de que algo está ocurriendo. El mensaje de la Palabra va directo a ese lugar profundo de gestación. Las imágenes de memorias pasadas empiezan a tener un nuevo significado; especialmente las experiencias toxicas y dolorosas.

2. Impresiones - Una impresión es un conocimiento que no se puede explicar, aunque se tiene la certeza de que las cosas son así. Las nuevas impresiones saludables resultan en una nueva visión de vida.

3. Movimiento - Hay personas que les ocurre como a las sustancias químicas, se obtiene de ellas un buen resultado cuando se mantienen en reposo. Otras se dañan si se agitan más de lo debido y otras explotan si se agitan. El Espíritu Santo está supliendo el tratamiento apropiado para no perecer en el proceso. No todas las personas reaccionan, entienden e interpretan igual.

4. Sonido - Durante el periodo de gestación, el sonido y las voces que escucha la alienta y calma.

5. Tacto - La nueva vida sabe cuándo está siendo alentada o golpeada y si se atenta en contra de su existencia.

6. Desgaste - Aunque el cuerpo exterior se desgasta por causa del paso de los años, el cuerpo interior se renueva.

En resumen:

- Nacer de nuevo es una experiencia de gran trascendencia y espiritualidad.

- Es una nueva oportunidad.

- Es dejar atrás una historia.

- Es el resultado de reencontrar un propósito de vida que había quedado pospuesto o vedado.

- Es empezar a mirar y a caminar en otra dirección.
- Es reencontrarse consigo.
- Es germinar como semilla que estuvo oculta y que encontró su espacio vital.
- Es tener un concepto distinto de la vida y de la muerte.
- Es saber diferenciar lo transitorio de lo eterno.
- Es dejar de controlar a cosas y a personas.
- Es amar y sentirse amado por el padre Dios, de tal manera en que ni la bondad ni la oposición de los padres de «carne y sangre» tengan relevancia.
- Aceptar el prestigio y la honra de Cristo antes que la personal y la familiar.
- No es un estado, sino el resultado de una relación que puede ser renovado y perfeccionado.

Para reflexionar:

El mayor signo de haber nacido de nuevo, es preferir hacer la voluntad de Dios a la propia.

Pensamiento:

Piensa en cinco aspectos en que das testimonio de un nuevo nacimiento: lo religioso, en lo familiar, vida privada y hábitos

Oración para el nuevo nacimiento

Oh, Señor:

Colócame por tu voluntad y tu soberanía en el lugar apropiado para que pueda nacer. Rocía con el agua de tu Espíritu lo estéril y alumbra mis tinieblas con la luz de tu Palabra. Que pueda romper con los amarres y compromisos familiares que me apartan del supremo propósito. Hazme humilde para esperar el buen tiempo de madurar y nacer. Que no tema al lugar oscuro de la entrega y la espera. Rompe la dura corteza de mi mente que impide que nazca. Que no pierda la fe cuando vea a otros germinar y crecer mientras espero. Que vea en mis fallas de carácter, aguijones que me llevan a depender de tu amor y tu gracia; y tenga el grado de renuncia que tuvo Jesús quien no se aferró y se entregó en obediencia a su propósito de vida.

Oh, Señor, ayúdame a alcanzar madurez para afrontar el dolor y la incomodidad del nacimiento. Renueva el espíritu de mi mente para comenzar a actuar diferente a las costumbres, los hábitos y los mecanismos de defensa. Conéctame a la vida de tu Palabra y envuélveme con la placenta de tu amor y de tu gracia. Alienta mi corazón cansado para que renazca en ti y cada día decida morir y que mi mejor ofrenda sea yo mismo.

Amén.

El gran amor del padre

Yo te he amado con amor eterno; por eso te sigo tratando con bondad. (Jeremías 31:3 DHH)

El amor de un padre no consiste únicamente en engendrar, sino en cuidar y en estar presente en cada etapa de la vida del hijo. En la paciencia de calmar su llanto cuando a veces no se sabe exactamente por qué llora. Manteniendo la calma y una sonrisa cuando rompe algo que el padre considera de valor. Llevándolo al médico cuando le observa triste, con fiebre y alejado. Mientras espera con paciencia y se alegra cuando comienza el proceso de dentición. Observando con alegría cada cambio que acompaña el desarrollo. Siempre firme, constante, presente y ocupado en proveer lo mejor a quien considera un tesoro. Protegiéndolo de peligros dentro de la familia y los de afuera, porque sabe por su experiencia que la maldad le circunda. El padre verá el desgaste de su cuerpo a causa de los desvelos y las preocupaciones, y a pesar de ello, seguirá siendo buen terreno para que la nueva semilla se convierta en un árbol fuerte y fructífero.

Existen tres padres de los cuales se puede elegir a uno para que sirva de modelo e inspiración. Es imposible elegir a los tres porque siempre uno tendrá el derecho legal y será más amado y obedecido.

1. El padre que biológicamente engendró, posiblemente ya muerto, y del cual podrían haber malos recuerdos.

2. El padre Satanás, del cual nos convertimos en hijos cuando le obedecemos.

3. El padre Dios que guía a sus hijos en cada etapa de vida hasta que están listos para entender su amor y regresar a Él.

Para reflexionar:

Piensa en los cuidados y el amor con que has tratado a tus hijos/nietos y tendrás idea sobre la forma en que Dios el Padre ama a sus hijos.

Creyente y discípulo

Y el que no toma su propia cruz y me sigue, no puede ser mi discípulo. Si alguno de ustedes quiere construir una torre, ¿acaso no se sienta primero a calcular los gastos, para ver si tiene con qué terminarla? (Lucas 14:27, 28 DHH)

Todos tenemos la oportunidad de ser creyentes, aunque no todos poseen los recursos para alcanzar los estándares de entrega y renuncia que el Señor demanda a un discípulo; porque no se trata de comenzar, sino de terminar. Para calcular gastos, hay que hacer un ejercicio de razonamiento en el que la palabra sabia de un consejo podría ser importante.

Calcular el costo del discipulado y reflexionar a ver si se tiene lo que se necesita para terminar, no es falta de fe sino sabiduría. La torre a la cual se refiere el Señor no sólo comprende altura y vistosidad, sino profundidad y fundamento para que permanezca. No se vende, no se presta y el nombre de quien construyó o que no pudo terminar no será borrado.

Quien se sienta a calcular los gastos hará un inventario de su carácter, su salud y sus circunstancias particulares de vida. Porque llevar la cruz cada día es más un asunto de carácter que de dones y de talentos. Entonces podría ocurrir que un creyente con problema de dominio propio y autogobierno, le sea dado trabajar esa falla de carácter como proyecto de vida; y ello signifique para esa persona llevar la cruz cada día.

Seguir al Señor envuelve un contrato de fidelidad y amor como sería el de una pareja de esposos que se promete amor eterno. En ambos casos, hay que dejar padre y madre y superar juntos las crisis hasta que la muerte los separe. Si el matrimonio, como el discipulado, se tratara de una relación de puro compromiso, nadie aceptaría. Pero lo que hace que ambas cosas funcionen es el amor.

Para reflexionar:

Creer y decidir obedecer al Señor es el primer paso para seguirle.

La bendición de dormir en paz

Acostado en su cama, planea hacer lo malo; tan aferrado está a su mal camino que no quiere renunciar a la maldad. (Salmos 36:4 DHH)

Bendeciré a Jehová que me aconseja; aun en las noches me enseña mi conciencia. (Salmos 16:7 RVR1960)

Hay una diferencia entre quien maquina el mal aun estando en su cama, a quien procura deshacerse de sus malos pensamientos. Quien maquina el mal es como el árbol enfermo que no da buen fruto y está en vías de secarse. Es estar en una cárcel, prisionero tras barrotes de dolor y amargura en un espíritu muerto.

Seguir aferrado a pensamientos negativos de odio y venganza no ayuda al proceso de rehabilitarse. Aferrarse a esa clase de pensamientos viles contamina el regalo divino de la imaginación. Bloquea los procesos naturales de sanación interior e impiden que la esperanza y el espíritu perdonador germinen.

Es impresionante y alentador que Dios enseña a la conciencia de sus hijos mientras duermen. Cuando así ocurre, los hijos se levantan el día siguiente con una impresión, frescura, descanso y una nueva visión de vida. Con una posible respuesta a la resolución de un conflicto particular y la convicción de estar siendo guardado y cuidado. Dios habla de una forma tan personal e íntima que a veces no puede explicarse.

Hay que ir al descanso con la expectación de Samuel:

Y dijo Elí a Samuel: Ve y acuéstate; y si te llamare, dirás: Habla, Jehová, porque tu siervo oye. (1 Samuel 3:9a RVR1960)

Para reflexionar:

En paz me acostaré, y asimismo dormiré; porque solo tú, Jehová, me haces vivir confiado. (Salmos 4:8 RVR1960)

Dios conoce las verdaderas historias

Y se difundió su fama por toda Siria; y le trajeron todos los que tenían dolencias, los afligidos por diversas enfermedades y tormentos, los endemoniados, lunáticos y paralíticos; y los sanó. (Mateo 4:24 RVR1960)

Los problemas de salud mental impulsan a la gente a decir y a hacer cosas de las cuales después se sienten tristes y avergonzados. Nuestros padres y nuestros abuelos que padecieron de estos trastornos no contaron con los recursos ni con la oportunidad de acceso a diagnósticos profesionales, y a tratamientos que les hubieran provisto de herramientas para tener vidas más emocionalmente estables. Porque quien no conoce, lucha con fantasmas y fuerzas que no sabe de dónde surgen, cómo se fortalecen y la manera de mantenerlos a raya.

Un problema de salud mental no hace mala a las personas, sino vulnerables. La Biblia dice que el Señor sanó a muchos que padecían situaciones de salud mental. Y hoy, ese proceso de salud emocional, comienza cuando los pecados son perdonados y el Espíritu Santo llena el corazón rechazado y dolido con su amor, y hace renacer un espíritu de gozo.

Las batallas personales por hacer las cosas bien no se ven. No se ve el esfuerzo, la vergüenza, el temor, la inseguridad ni el dolor de ser diferente. Pero a los creyentes los alienta saber que Dios sabe las historias íntimas que nadie más conoce y que juzga con justo juicio.

Para reflexionar:

No juzguen a otros, para que Dios no los juzgue a ustedes. Pues Dios los juzgará a ustedes de la misma manera que ustedes juzguen a otros; y con la misma medida con que ustedes den a otros, Dios les dará a ustedes. (Mateo 7:1-2 DHH)

Conversemos sobre espiritualidad, rehabilitación y fe cristiana

Otro nivel de existencia

Les aseguro que si el grano de trigo al caer en tierra no muere, queda él solo; pero si muere, da abundante cosecha. (Juan 12:24 DHH)

Pues por el bautismo fuimos sepultados con Cristo, y morimos para ser resucitados y vivir una vida nueva, así como Cristo fue resucitado por el glorioso poder del Padre. (Romanos 6:4 DHH)

La vida de un hijo de Dios es como un grano de trigo; una semilla que puede quedar sola como grano o sepultarse y morir para dar fruto. El terreno son las circunstancias personales de vida que pueden ser tan difíciles como áridas, o llenas de oportunidades cual tierra fértil. La vida contenida en ese grano imperfecto y sin atractivo se encuentra en lo profundo de sí.

El movimiento de terreno ocurre como sería con la siembra de cualquier grano. Dicho mover permitirá a la semilla ocupar su espacio en una noble relación tierra-semilla. Una forma de violencia que le servirá además a decidir si seguirá viviendo en el viejo estilo de vida o si continúa adelante en el gran desafío de dejar de ser un simple grano.

Desafíos de la semilla al sepultarse:

- Soledad - Pérdida de los amigos cercanos cuando el estilo de conversación, de hacer las cosas y de vida, cambia.

- Balance - Comenzar a practicar una rutina que sirva a mantener los balances de vida adecuados. Ni muy a la derecha ni a la izquierda; con un concepto ni superior ni inferior a quien se es.

- Prestigio personal - Renunciar al prestigio personal para vivir de acuerdo al Señor, que siendo rey se hizo siervo.

- Presión y peso - Estar bajo el peso y la presión de la obediencia a Dios viviendo en humildad, a la profundidad apropiada, lo cual ayudará a estar protegido.

- El futuro - Saber que Dios está en control y cuida de su futuro, que será de gloria y de bien, aunque no tenga los detalles del por qué ocurren unas cosas.

- Desgaste - Sabe que aunque el cuerpo exterior se desgasta, el interior se renueva.

- Silencio - Sus palabras deben ser pocas y aprender el valor de guardar silencio. Las palabras tienen el poder de hacer vivir o hacer morir.

- El alcance de la semilla del Evangelio - La semilla del Evangelio marca el origen de una nueva vida; la misma vida que es entregada para muerte en obediencia a Dios.

El apóstol se consideraba cada día como muerto, en relación al peligro que corría su vida por causa del Evangelio y a su decisión voluntaria de morir a sí mismo:

Os aseguro, hermanos, por la gloria que de vosotros tengo en nuestro Señor Jesucristo, que cada día muero. (1 Corintios 15:31 RVR1960)

Con Cristo estoy juntamente crucificado, y ya no vivo yo, mas vive Cristo en mí; y lo que ahora vivo en la carne, lo vivo en la fe del Hijo de Dios, el cual me amó y se entregó a sí mismo por mí. (Gálatas 2:20 RVR1960)

El inmenso valor del silencio en el proceso de muerte de la semilla

(continuación)

La persona que vive sepultada tiene un breve periodo de tiempo para reflexionar y organizar las ideas antes de pronunciarlas. En ese brevísimo periodo de tiempo, tomará la decisión de hablar o callar. Decidirá inclusive acerca del tono de voz y su lenguaje corporal.

El silencio fue un medio de comunicación que el Señor utilizó cuando fue entregado. Y por los apóstoles cuando fueron llevados ante los magistrados de la época:

Angustiado él, y afligido, no abrió su boca; como cordero fue llevado al matadero; y como oveja delante de sus trasquiladores, enmudeció, y no abrió su boca. (Isaías 53:7 RVR1960)

Pero cuando os trajeren para entregaros, no os preocupéis por lo que habéis de decir, ni lo penséis, sino lo que os fuere dado en aquella hora, eso hablad; porque no sois vosotros los que habláis, sino el Espíritu Santo. (Marcos 13:11 RVR1960)

Renunciando a la necesidad instintiva de defenderse, de explicar, reclamar y justificarse.

Cada persona tiene un lenguaje típico y un color que cualifica un estilo y un vocabulario con el cual se identifica. Hay personas que usan más el vocabulario de los derechos y la justicia, otros son pacificadores y tolerantes. Otros intemperantes, impulsivos, egoístas y usan más un vocabulario ofensivo.

Es conocido el consejo: «piensa antes de hablar...» Pensar antes de hablar solo tomará milésimas de segundo que pueden hacer una gran diferencia. La clase de silencio que asegurará que la semilla en proceso de muerte no salte de su espacio de sujeción a la voluntad de Dios.

Veamos los cinco sentidos como medios de comunicación en la salida y entrada al interior, y cómo participan en este proceso de muerte y vida.

Los ojos: reflexionarán sobre si vale la pena lo que están viendo.

Los oídos: si vale la pena poner atención a lo que están oyendo.

El olfato: rechazando olores que puedan resultar seductores.

El gusto: no probando lo que se sabe que no conviene comer.

El tacto: cuando se toca lo prohibido generalmente no hay retroceso.

Reflexionar o tiempo de silencio antes de hablar y actuar, permite a Dios actuar como defensor y adelantar su propósito.

Para reflexionar:

Cuidar las palabras es cuidarse uno mismo; el que habla mucho se arruina solo. (Proverbios 13:3 DHH)

El que tiene cuidado de lo que dice, nunca se mete en aprietos. (Proverbios 21:23 DHH)

El que mucho habla, mucho yerra; callar a tiempo es de sabios. (Proverbios 10:19 DHH)

Es de sabios hablar poco, y de inteligentes mantener la calma. (Proverbios 17:27 DHH)

La vida y la muerte dependen de la lengua; los que hablan mucho sufrirán las consecuencias. (Proverbios 18:21 DHH)

Recuerden esto, queridos hermanos: todos ustedes deben estar listos para escuchar; en cambio deben ser lentos para hablar y para enojarse. Porque el hombre enojado no hace lo que es justo ante Dios. (Santiago 1:19, 20 DHH)

Cuando nunca es suficiente

Por otra parte, tuvimos a nuestros padres terrenales que nos disciplinaban, y los venerábamos. ¿Por qué no obedeceremos mucho mejor al Padre de los espíritus, y viviremos? Y aquéllos, ciertamente por pocos días nos disciplinaban como a ellos les parecía, pero éste para lo que nos es provechoso, para que participemos de su santidad. (Hebreos 12:9, 10 RVR1960)

«Lo hiciste bien» —dicen—, «pero te faltó esto» y «tú nunca haces nada bien»; son expresiones de padres que demandan a sus hijos una perfección casi irracional. Irracional porque no está basado en argumentos lógicos de destrezas sino en una perfección que no existe. La ansiedad que provocan esos padres en sus hijos al forzarlos a alcanzar esa clase de perfección les alcanza hasta la adultez.

Exasperar de esa manera al niño, termina por romperlo en su estima y su valía personal. Y además, provoca en él, frustración, coraje, un doloroso sentido de inutilidad y no aceptación de parte de quien debe amarle y aceptarle incondicionalmente.

Ese niño, ya adulto, necesitará en su vida cotidiana como en su ambiente de trabajo, una continua palabra de refuerzo positivo y de reconocimiento. Sin embargo, y a pesar de contar con este, seguirá oyendo la injusta voz interior que le recuerda que no es capaz de hacerlo del todo bien.

Las siguientes razones ayudan a explicar esa conducta errada de los padres:

- Buscan lograr en los hijos lo que ellos no pudieron o no supieron.
- No tienen la información suficiente de lo que es y no es importante.
- Problemas de salud mental.
- Que ellos estén siguiendo modelos equivocados.
- Buscan limpiar y ordenar su interior con lo exterior.

Para reflexionar:

Somos totalmente aceptados y amados por Dios.

Restaurando la relación con el Padre

Todos los que son guiados por el Espíritu de Dios, son hijos de Dios. Pues ustedes no han recibido un espíritu de esclavitud que los lleve otra vez a tener miedo, sino el Espíritu que los hace hijos de Dios. Por este Espíritu nos dirigimos a Dios, diciendo: "¡Abbá! ¡Padre!" Y este mismo Espíritu se une a nuestro espíritu para dar testimonio de que ya somos hijos de Dios. (Romanos 8:14-16 DHH)

Dios es el Padre que conoce exactamente la capacidad y la fuerza de sus hijos para hacer lo correcto. Es el único Padre que da propósito a la vida de sus hijos cuando parece que todo ha sido en vano o que se ha perdido. Coloca su Espíritu de gracia y amor incondicional en nuestro espíritu para que a través de nuestra obediencia andemos en confianza sin temor ni ansiedad.

La relación con ese Padre amoroso y compasivo puede restaurarse cuando:

- Se cree que su amor es incondicional. Esto es que, a diferencia de los padres terrenales, los acepta tal y como están, quienes son y a pesar de lo que han hecho.

- Se es agradecido por la vida, la salud, los talentos, habilidades y lo que nos distingue como seres especiales y únicos.

- Aceptan con humildad su poder superior sobre ellos y sus circunstancias porque creen que al final, todo obrará para bien.

- Entienden que, a pesar de ser hijos de Dios, tienen carencias y defectos distintos a los otros, aunque los propios se vean más. Por lo cual no nos es dado juzgarnos comparándonos con quienes se piensa que son mejores, porque Dios juzga según el corazón.

Para reflexionar:

La ansiedad que provocaron padres perfeccionistas y controladores puede terminar.

Una manera de deshonrar a un padre

Después comenzó Noé a labrar la tierra, y plantó una viña; y bebió del vino, y se embriagó, y estaba descubierto en medio de su tienda. Y Cam, padre de Canaán, vio la desnudez de su padre, y lo dijo a sus dos hermanos que estaban afuera. (Génesis 9:20-22 RVR1960)

Pagad a todos lo que debéis: al que tributo, tributo; al que impuesto, impuesto; al que respeto, respeto; al que honra, honra. (Romanos 13:7 RVR1960)

No hay que estar de acuerdo en todo lo que hacen o han hecho, pero hay que honrarlos y tratarlos como se desearía ser tratado por los hijos propios. Los padres llevan en su conciencia dichos y acciones de las cuales podrían sentirse avergonzados. Cargan una dosis, al igual que todos los seres humanos, de problemas y conflictos que a pesar de sus buenas intenciones y esfuerzos, no han resuelto. Son personas como Noé en procesos de madurez y de cambios.

Noé tenía el derecho de hacer lo que quisiera en su privacidad. Y en su borrachera no sabemos si hubo ruidos que alertaron a su hijo. Lo cierto es que vio la vergüenza de su padre y en vez de cubrirlo con al menos su silencio salió a contarlo a sus hermanos. ¿Cuál fue su intención; burlarse, hacerlo quedar mal...? Si era de noche, no tenía por qué estar husmeando en la privacidad de otro. Y si era de día debió estar ocupado de sus asuntos en vez de estar merodeando en la privacidad de su padre.

Al final del incidente Sem y Jafet lo cubrieron caminando de espalda para no verlo. Y son un modelo de compasión, de respeto y una forma de honrar los padres. Hoy se sabe que existen distintas formas de quedar al desnudo. Ciertamente es muy difícil reparar una relación familiar que se ha quebrado por causa de la ignominia. No obstante, el perdón siempre seguirá siendo la mejor forma de reparar el daño.

Para reflexionar:

No importa si lo merecen, hay que honrarlos para que nos vaya bien (referencia a Efesios 6:2, 3).

El testimonio de Cristo

Escudriñad las Escrituras; porque a vosotros os parece que en ellas tenéis la vida eterna; y ellas son las que dan testimonio de mí... (Juan 5:39 RVR1960)

¿Quién dicen los hombres que es el Hijo del Hombre? Ellos dijeron: Unos, Juan el Bautista; otros, Elías; y otros, Jeremías, o alguno de los profetas. El les dijo: Y vosotros, ¿quién decís que soy yo? (Mateo 16: 13b-15 RVR1960)

Es una pregunta que en algún momento habrá que contestar de forma muy personal. ¿Quién es Jesús y qué significa para mí? Algunos piensan hallar la respuesta en las tradiciones y la historia, y otros, en las doctrinas de la Iglesia, pero no, Él está hablando de identidad y de relación. Lo que ocurre es que nadie conoce a otra persona por lo que se dice de ella. Y la fuente más fidedigna para conocerlo son las Escrituras, la Biblia; para creerle, amarle y seguirle.

En aquellos años la gente relacionó al Señor con personajes ilustres, como algún profeta como Jeremías o Elías. Otros vieron en Él a un farsante, engañador e hijo del diablo. Y quienes se acercaron a escucharlo y escudriñaron su mensaje y su carácter, vieron al Salvador. Y hoy, como en aquel tiempo, la Biblia puede ser usada para manipular y justificar toda clase de herejías, por lo que la pregunta del Señor a sus discípulos es la misma.

El testimonio de Jesús incluye el conocimiento espiritual de su mensaje y de su carácter al espíritu y el alma sedienta y hambrienta. Es su voz a la conciencia y el despertar de una espiritualidad muerta. Es poder decir que, aunque el mismo mensaje ha sido dado a todo el mundo, es también personal. Es un mensaje de vida que sirve para cruzar este mundo de dolores al hogar eterno.

Para reflexionar:

Oye, te ruego, y hablaré; te preguntaré, y tú me enseñarás. De oídas te había oído; mas ahora mis ojos te ven. (Job 42: 4, 5 RVR1960)

Moldeados como piedras

Las piedras se desgastan con el agua impetuosa, que se lleva el polvo de la tierra... (Job 14:19a RVR1960)

¿No es mi palabra como fuego, dice Jehová, y como martillo que quebranta la piedra? (Jeremías 23:29 RVR1960)

...vosotros también, como piedras vivas, sed edificados como casa espiritual... (1 Pedro 2:5a RVR1960)

El valor de una piedra está relacionado al uso y propósito que le fue asignado, sin importar su color o su aspecto. Como ocurre a las piedras redondeadas y lisas de los ríos, que son transformadas en un largo proceso de desgaste. O las que son quebrantadas y labradas por el martillo en un proceso de golpes que puede durar menos tiempo.

El uso de la piedra es un componente primordial en las construcciones fuertes como en las bellas y frágiles. Quien construye conoce el tipo de piedra que necesita, la calidad que precisa y dónde encontrarla. Las piedras que son parte de una edificación se vuelven más fuertes porque sirven en conjunto. Es decir que una piedra aislada no hace una construcción, pero muchas juntas y conectadas pueden lograrlo.

Las instituciones no se establecen con individuos, sino con gente que, como piedras de construcción, creen en el proyecto y aportan su talento y su tiempo en equipo. La Iglesia es la única institución divina en la tierra, cuya piedra angular es el Señor Jesús y sus seguidores son piedras vivas perfectamente ajustadas que edifican el reino de Dios en amor.

Las relaciones personales entre hermanos en la iglesia y con la familia, al calor de las verdades de la Palabra de Dios, son como el suave y lento pulido de una piedra de río, como el fuego ardiente que limpia y purifica o como la dura experiencia del golpe que rompe y labra la piedra.

Para reflexionar:

Nadie alcanza algún grado de madurez aislado. La opción de retirarse a una vida de soledad cohíbe a la piedra de la oportunidad de entrar en procesos de pulido de carácter.

La presencia de Dios es como rocío

Yo seré a Israel como rocío; él florecerá como lirio, y extenderá sus raíces como el Líbano. Se extenderán sus ramas, y será su gloria como la del olivo... (Oseas 14:5, 6a RVR1960)

La presencia de Dios toca y rodea a la creación.

Se mueve con su espíritu llenando todo espacio, en el más profundo, como el más alto lugar.

Se manifiesta en lluvia temprana sobre el alma marchita y ablanda su dureza para que pueda recibir semilla nueva.

Luego la lluvia tardía abundante vendrá y será el momento de florecer y dar frutos.

Mientras, el rocío sigue descendiendo durante cada noche para que la planta no se seque. Rocío apenas perceptible, pero importante para mantenerse vivo.

Y todo, como una manifestación amorosa del Creador sobre su creación, para que continúe con vida y no muera.

Sí, Dios está presente en cada momento de la vida de sus hijos; en la copiosa lluvia de bendiciones o en el silencioso y refrescante rocío de su presencia.

Mediante un testimonio de fe y esperanza, una canción, un sueño alentador durante la noche, un conocimiento revelado de su Palabra, el amor expresado de un amigo y las buenas oportunidades que llegan de forma providencial, son evidencias del rocío de Dios sobre la vida.

Para reflexionar:

Explica lo que ha sido el rocío de Dios en tu vida que ha impedido que mueras.

Hablen bien o hablen mal

Unas veces se nos honra, y otras veces se nos ofende; unas veces se habla bien de nosotros, y otras veces se habla mal. Nos tratan como a mentirosos, a pesar de que decimos la verdad. (2 Corintios 6:8 DHH)

Si se ha creado una fama de adicto o cualquiera otra falla de carácter, esa fama seguirá hasta la muerte; la familia no olvidará. Estarán atentos a que en cualquier momento puede ocurrir una recaída. Por lo que hay que aprender a vivir con miradas de desconfianza y preguntas cargadas. Y esa molestia es mayor porque sabemos que tienen razón. Que no se trata de argumentos sin fundamentos porque es una fama que nos hemos ganado y un archivo que no será borrado.

La vida del adicto es una carta abierta fácilmente leída. Quien lee allí puede interpretar lo que desee, y rara vez se interesa en saber sobre las personas que dejaron huella en los primeros años. Tampoco le es importante saber su situación médica y emocional; porque al final del camino, el adicto está solo, a menos que conozca la gracia, el amor y el perdón de Dios en Jesús.

Dios es el poder superior en el cual creemos y del cual obtenemos fuerza y no nos deja solos. Él se queda cuando los demás se marchan decepcionados; nos consuela si le pedimos en oración, limpia con su sangre y devuelve el gozo y la fuerza para volver a intentarlo.

Para reflexionar:

En algún momento habrá que decidir entre vivir aplastado sufriendo o levantar la cabeza y seguir caminando.

Viviendo cerca

Pero ahora, unidos a Cristo Jesús por la sangre que él derramó, ustedes que antes estaban lejos están cerca. (Efesios 2:13 DHH)

Uno de los grandes beneficios de tener una relación con el Señor Jesús, es dejar de estar alejado para estar cerca. Como fue el caso del hijo pródigo, quien después de estar lejos de su hogar cerca de tres años, regresó y fue bien recibido (referencia a Lucas 15:18-20). O como las historias de las ovejas que se extraviaron por estar desorientadas o heridas y el pastor salió a buscar (referencia a Lucas 15:3-7).

Una adicción activa propicia el alejamiento en ambas direcciones; la familia se aleja como también el que está en problemas. Existen además los alejados emocionalmente que se sienten apartes y solos, a pesar de estar rodeados de personas. Y los que han decidido vivir aparte creyendo que nadie los ama lo suficiente, tal vez porque su egoísmo y su orgullo no les permitió practicar algún poco de humildad para dejarse guiar.

El Señor es para todos, el intermediario perfecto y sanador de las relaciones que pueden restaurarse. La fuerza de su amor es poderosa para abrir camino donde no lo hay, y hacer florecer terrenos áridos y secos por causa del tiempo pasado.

Las relaciones humanas son de las cosas más difíciles con las cuales todos lidiamos a diario. Practicar la tolerancia, sobrellevar las diferencias, la paciencia, la perseverancia y nunca dejar de amar. Y sobre todo manteniéndonos cerca de Dios y del vínculo con nuestros seres queridos.

Para reflexionar:

Dios nunca se aleja, nosotros somos quienes lo hacemos.

Prudencia y sabiduría

No creas en la palabra de tu prójimo ni confíes en ningún amigo; cuídate aun de lo que hables con tu esposa. (Miqueas 7:5 DHH)

Hay personas que pueden vivir durante años ciegos cerca de amigos y esposos(as) que los abusan y los engañan. No ven, ni escuchan a otros que desde afuera y con buena intención les advierten en vano. Han formado un vínculo tóxico que no les permite ver dónde ubicar los límites representados en él: este soy yo y ese eres tú. Viven aglutinados, amalgamados, metidos en el mismo hoyo sin posibilidad que uno tienda la mano al otro.

Los amigos y las esposas son estupendas ayudas hasta que se comience a depender y confiar en ellos más allá de lo saludable. Porque los parámetros saludables de distancia, además de preservar las relaciones, las fortalecen y protegen en caso de una crisis. Entonces habrá el espacio que permitirá a una luz mayor alumbrar donde la propia no alcanza, y habrá autonomía suficiente para decidir lo que es correcto y, lo más importante, lo que agrada a Dios.

La confianza que se coloca en un amigo y una esposa debe ir acompañada de sabiduría y prudencia. Sabiduría para hablar con inteligencia y saber cuándo callar; porque la persona que hoy es un aliado tal vez mañana no lo sea.

Para reflexionar:

Una manera de comenzar a colocar una distancia saludable es orando por el otro(a) y poniendo al Señor Jesús en medio de la relación.

Oración:

Oh Señor, que pueda establecer la suficiente distancia para ver lo que de cerca no puedo. Y una vez allí no tenga temor de encontrarme conmigo mismo, y que ese momento de soledad me lleve a tu compañía y a confiar que me guías a tomar decisiones.

Adicto por causa de una actitud intolerante

No juzguen a otros, y Dios no los juzgará a ustedes. No condenen a otros, y Dios no los condenará a ustedes. Perdonen, y Dios los perdonará. (Lucas 6:37 DHH)

Juan y María son padres de cinco niños; dos niñas y tres varones. No hubo nada significativamente distinto en el embarazo y el parto de cada uno de ellos. La única diferencia ocurrió con los varones que, aunque se llevaban un año, el del medio se interesó más por juegos pasivos típicamente femeninos y de estar en la casa. Aparentemente Juan no lo resistió y María piensa que el problema de adicción de su esposo tiene que ver con su frustración y lo peor, la vergüenza.

Juan cree ser responsable y se siente desvalorado por haber procreado a un ser diferente. El conflicto de Juan es más emocional. Sabe que no hay evidencia científica que sustente su manera de pensar, por lo que su coraje va dirigido en contra de sí mismo. Juan deberá trabajar primeramente con su problema de baja estima que existía antes que su hijo naciera, y que abrió una excusa y una puerta a su adicción.

El dolor de este padre se llama orgullo, y su egoísmo le impide ver el dolor de su hijo que se queja que le llaman con apodos desagradables, el rechazo y agresiones físicas. Un día Juan será sorprendido ante el problema que su hijo ha abandonado el hogar, ha cometido suicidio o está calmando su dolor con algún químico.

Juan debe considerar que:

- El carácter de una persona no debería ser condenado en su totalidad por un detalle. Porque lo que se considera una falla o defecto podría mañana ser la llave de un gran éxito en la vida.

- La gente valora practicar cualidades como la bondad, el respeto, el cuidado a los más vulnerables y la tolerancia, que es una forma de demostrar amor, que cubre multitud de faltas.

- El Señor ha prometido continuar la obra de perfeccionamiento en sus hijos hasta que Él venga.

- Hemos sido llamados a amar, a estimular al vulnerable y a los diferentes, y no rechazarlos.

- A ningún hijo se le dio la opción de elegir sus características; ellos son modelos únicos y especiales.

- Tal vez Dios utilice en un futuro esa manera especial de ser auténtica para un propósito que Juan ignora.

- Podría tratarse de una luz poco común —especial— que haga brillar aún más la justicia y el amor de Dios.

- Se debe ayudar a formar a ese ser humano interiormente: fuerte, capaz de seguir adelante y no rendirse, a pesar de no tener todas las respuestas.

- Nadie conoce con exactitud todos los misterios y los detalles de nuestra naturaleza caída.

- La diferencia entre ser femenino y afeminado. El femenino es un ser más sensible que el común de la población. Generalmente eligen trabajos y deportes de menos fuerza física y gusta de las artes. El afeminado en cambio, se esfuerza en parecer mujer en todos los sentidos. Por lo que resultaría incorrecto e injusto para un niño femenino señalarlo como afeminado.

- Que como creyente, pertenece a un reino donde lo más importante es el amor y no las costumbres.

   Porque las costumbres de los pueblos son vanidad... (Jeremías 10:3 RVR1960)

   Entiéndase dentro del tema de las costumbres incluir: las religiones, los prejuicios, los odios raciales, los estereotipos y los criterios personales asociados al orgullo.

- Debe amar y proteger a su hijo. Enseñarle a respetar su cuerpo y que no hay nada malo en él. Simplemente es un niño que está creciendo y madurando para lo cual necesita rodearse de personas amorosas, sabias y comprensivas. Teniendo en mente también que por ser un niño más vulnerable podría ser presa más fácil de un predador sexual.

- Estadísticamente no todos los niños femeninos serán homosexuales. Más de la mitad de ellos aprenden y cambian cuando hay modelos que pueden imitar de manera libre y espontánea. Porque lo que el amor no puede cambiar, no lo podrá lograr la burla, el maltrato y el rechazo.

- Sería muy difícil que Juan logre tener éxito en su proceso de rehabilitación si continúa rechazando a su pequeño. Está dividido interiormente y una casa dividida, dijo Jesús, no se puede sostener.

Para reflexionar:

Nadie debería ignorar el efecto sanador de un abrazo fuerte y tierno de un padre a su hijo.

No lo sabía, pero Él estaba

Con todo, yo guié al pueblo de Efraín y lo enseñé a caminar; pero ellos no comprendieron que era yo quien los cuidaba. (Oseas 11:3 DHH)

Con frecuencia acusamos a Dios de falta de cuidado. De guardar silencio, de no hablar, no brindar apoyo ni guía cuando se le busca. Y es que el cuidado del Padre Dios no es tan diferente al de nuestros padres, a quienes culpamos inclusive de no amarnos lo suficiente, o de amar más a sus otros hijos. Hasta que crecemos es que nos damos cuenta de que muchas peladuras de rodillas y golpes que sufrimos se debieron a la falta de madurez, impulsividad y desobediencia, y no por culpa de ellos.

Porque la vida es una carrera de resistencia y no de velocidad, hay que aprender a caminar. En esta carrera nadie obtiene premio por llegar primero, sino por llegar. Aprender a caminar se da en la misma situación del alumno en el salón de clases. Requiere no quitarse, aunque repruebe, confianza en quien enseña, no frustrarse, aunque se sienta torpe. Porque al final, el objetivo es aprender a caminar, y siempre unos tardarán más que otros en lograrlo.

No hay que ver, ni oír, ni sentir a Dios. Ya dijo que estaría con nosotros hasta el fin y eso no cambiará. Así que, cuando las cosas salgan bien no pensemos que fue únicamente por nuestro talento. El Padre no cesa de enseñar y cuidar, aunque no nos demos cuenta de que es Él quien lo hace.

Para reflexionar:

No importa cuán terrible estén las cosas, podría ser peor si Dios no hubiese estado cuidándonos.

No hay que temer a la verdad

—Si ustedes se mantienen fieles a mi palabra, serán de veras mis discípulos; conocerán la verdad, y la verdad los hará libres. (Juan 8:31b, 32 DHH)

Hay personas que temen a la verdad, que no se les diga si han contraído una enfermedad incurable o una condición médica seria. Prefieren no saber las tragedias que viven familiares y amigos, y vivir con la duda y temor viendo cómo murmuran fingiendo delante de ellos. Existe otro grupo que por razones económicas o de poco conocimiento no tiene acceso a la verdad y luchan solos con depresiones, cambios inexplicables de ánimo, pensamientos obsesivos y otros.

La gente con problemas de adicción debería mostrar más interés por saber la verdad. La verdad acerca de su condición médica y emocional, las circunstancias familiares que precipitan las caídas, maltratos y abusos que ocurrieron en la niñez y que no han trabajado, la falta de perdón, corajes, baja estima y deseos fuertes de venganza.

En lo concerniente a la fe, al pecado y a la eternidad, hay quien prefiere no saber. Como si no saber les eximiera de las leyes espirituales concernientes a la salvación y la vida después de la muerte. Por cierto, que si supieran acerca de la gracia y el amor de Jesús que murió en su lugar para llevar el peso de las más horribles verdades, no temerían enfrentar la suya.

Conocer la verdad nos aleja del mundo de las tinieblas y nos coloca en el reino de luz, fortalece la espiritualidad personal y es un fuerte vehículo para trascender. Ofrece además la oportunidad de realizar cambios. La verdad hace fuerte, pero la ignorancia hace al ser humano vulnerable, frágil y débil. La verdad sirve para hacer un fundamento para sí y para la próxima generación.

Para reflexionar:

No tengas miedo, porque yo estoy contigo; no te desalientes, porque yo soy tu Dios. Te daré fuerzas y te ayudaré; te sostendré con mi mano derecha victoriosa. (Isaías 41:10 NTV)

Corazón ancho y saludable

Por el camino de tus mandamientos correré, cuando ensanches mi corazón. (Salmos 119:32 RVR1960)

Ningún corazón nace con el tamaño necesario para correr la carrera de obediencia. Nacimos con una naturaleza rebelde que aprendió muy temprano las formas del egoísmo y la mentira. Luego vino el aprendizaje y la oportunidad solemne de decidir y el corazón se hizo estrecho, apretado y en algunos se cerró.

El Señor, que conoce nuestra naturaleza, enseñó la manera de que cupiera en ese corazón estrecho la determinación de obedecer a Dios:

Y aunque era Hijo, por lo que padeció aprendió la obediencia... (Hebreos 5:8 RVR1960)

Sí, porque aunque era Hijo, aprendió a obedecer por medio del dolor. Enseñando así que el sufrimiento es la oportunidad divina de captar nuestra atención y aprender a obedecer. Exactamente igual que un padre haría con su hijo desobediente, que mediante el sufrimiento de la disciplina y el castigo aprende a obedecer y respetar la autoridad de su padre.

Se debe orar para que el dolor y el sufrimiento nos acerquen a Dios en vez de alejarnos, nos haga sensibles y el corazón estrecho se convierta en un buen terreno para la semilla del Evangelio. Que ensanche el corazón de tal manera que quepa la mayor cantidad de gente posible; un corazón que sea capaz de amar sin barreras de prejuicio, resentimiento y las cosas negativas que lo estrechan y lo debilitan.

Oración:

Que vea el sufrimiento relacionado a una adicción como una oportunidad y no como una desgracia.

Para reflexionar:

La carrera de la vida se corre mejor cuando el corazón es ancho y saludable.

La misericordia vence sobre el juicio

Porque cualquiera que guardare toda la ley, pero ofendiere en un punto, se hace culpable de todos. (Santiago 2:10 RVR1960)

Porque juicio sin misericordia se hará con aquel que no hiciere misericordia; y la misericordia triunfa sobre el juicio. (Santiago 2:13 RVR1960)

Jamás se podrá cumplir con todo lo que Dios demanda. Lo que sí se puede es vivir cada día en obediencia hasta donde el conocimiento y las fuerzas alcancen; y en ello Él se agrada. Porque Él sabe que lo que es fácil para unos para otros es difícil.

Quien juzga a otro por haber fallado, coloca una sentencia de condenación sobre su hermano por haber «faltado en un punto». Así era como funcionaba la ley en tiempos de Jesús; juzgaban severamente y en algunos casos apedreaban a quien faltaba en un punto. En esa época los líderes religiosos y la cultura determinaban los castigos que debían imponerse a quien faltaba, a veces por encima de lo que la ley determinaba.

Esa mentalidad de castigo y de juicio sigue existiendo en los creyentes que enfatizan un Dios castigador, como si el juicio y no la misericordia cambiaran el corazón del hombre. A nadie le gustaría ser juzgado sin misericordia y sin la oportunidad de tener un juicio justo; como tampoco ser víctima de quien juzga sin misericordia y cuánto más cuando se trata de una falla recurrente.

Hasta que seamos transformados, seguiremos siendo pecadores que faltan en al menos un punto. Y nuestro Padre celestial hará como nuestros padres, que se alegran cuando sus hijos lo hacen bien después de miles de intentos.

Para reflexionar:

No es correcto sabotear y tirar por la borda el amor de Dios porque alguien hizo dudar de ese amor y de su misericordia.

Sabía, pero no me había dado cuenta

Así, en el caso de ellos se cumple lo que dijo el profeta Isaías: "Por más que escuchen, no entenderán, por más que miren, no verán. Pues la mente de este pueblo está entorpecida, tienen tapados los oídos y han cerrado sus ojos, para no ver ni oír, para no entender ni volverse a mí, para que yo no los sane. (Mateo 13:14, 15 DHH)

Los tropiezos y las caídas son la pesadilla de alguien que está tratando de ganar la confianza de su familia. Una confianza que significa oportunidades que a su vez implican riesgos. De lo que hablamos es de personas vulnerables que pueden estar en problemas si están en el lugar, a la hora y con la persona equivocada; como fue el caso de Jorge, que falló a la confianza de su familia, y a pesar de que se disculpó, tuvo dificultad para superar su culpa y su vergüenza. Ese sentido de culpa y vergüenza lo trasladó a Dios y su relación con Él se afectó. Ahora se siente solo, separado de Dios y de su familia, por lo que todo el bien por el cual ha trabajado está en riesgo.

Un día mientras reflexionaba sobre el incidente, recibió en su corazón un nuevo entendimiento sobre el amor y la gracia de Dios. Eran temas que había estudiado y que creía conocer, pero que no se había dado cuenta de detalles importantes para aplicarlos a su experiencia. Por ejemplo, que todas sus fallas estaban cubiertas por el amor y el perdón del Señor Jesús. Y además, que Dios estaba trabajando en él como en su familia para un propósito de bien que ignoraba.

Las verdades de Dios son como un diamante alrededor del cual giramos con el paso de los años y las experiencias de vida. Es un manantial del cual bebemos aguas siempre frescas para saciar cada momento una sed diferente.

Para reflexionar:

Podría estar frente a una joya sin descubrir su valor y frente a una persona e ignorar su valor justo y real.

¿Quién te enseñó...?

Y Dios le dijo: ¿Quién te enseñó que estabas desnudo? ¿Has comido del árbol de que yo te mandé no comieses? (Génesis 3:11 RVR1960)

Pero temo que como la serpiente con su astucia engañó a Eva, vuestros sentidos sean de alguna manera extraviados de la sincera fidelidad a Cristo. (2 Corintios 11:3 RVR1960)

La gente aprende de padres, de parientes cercanos y de personas con quienes existe una relación de significado. Aprenden también de aquellos que admiran fuera del círculo familiar porque creen que pueden ser como ellos; y de otro grupo, compuesto por los extraños con los cuales no existe ningún interés de imitar.

Y la serpiente era un ser que Adán y Eva veían en el Huerto diariamente, hasta que se convirtió de pronto en maestro. Probablemente hablaba con ellos y se había ganado su simpatía y curiosidad con astucia, como parte de su estrategia de esperar el momento adecuado para atacar lo cual se dio el día que ella estuvo sola.

La serpiente usó las bien conocidas técnicas de enseñanza: la vista, el fruto lucía apetitoso y bueno; el tacto, le ofreció y ella lo tomó; olfato, debió haber olido el fruto porque se trataba de un fruto que nunca antes había probado; oído, la voz seductora y convincente de la serpiente y; el gusto, comprobó el sabor agradable del fruto.

Hoy vivimos rodeados de maestros en este jardín el mundo, donde hay acceso a Dios como a Satanás. Un lugar donde los maestros de maldad enseñan maneras disfrazadas de desobedecer. La experiencia de Adán y Eva alertan sobre las consecuencias de la rebelión que trajo vergüenza, muerte y la separación espiritual de Dios; porque el maestro que escojamos tendrá el poder de marcar nuestro futuro.

Para reflexionar:

Enséñame a hacer tu voluntad, porque tú eres mi Dios; tu buen espíritu me guíe a tierra de rectitud. (Salmos 143:10 RVR1960)

El Padre Dios es mejor

Nuestros padres aquí en la tierra nos corregían durante esta corta vida, según lo que les parecía más conveniente; pero Dios nos corrige para nuestro verdadero provecho, para hacernos santos como él. (Hebreos 12:10 DHH)

Nuestros padres...

- Nuestros padres enseñaron que se debe amar solamente a quien nos ama; Dios, a amarnos a nosotros mismos y al prójimo de forma igual.

- Enseñaron a poseer un orgullo personal desproporcional o una estima tan baja capaz de romper el ser interior; Dios considera a sus hijos valiosos y tesoros con un justo valor.

- Enseñaron el temor y la poca confianza en sí mismo; Dios ha dado espíritu de valor para ser vencedores.

- Probablemente por falta de recursos y de conocimientos, no encaminaron a sus hijos en el uso de sus talentos naturales y dones; Dios diseñó un espacio en la Iglesia donde usar los talentos y los dones naturales como espirituales.

- Nos educaron para esta vida; Dios lo hace para esta y para la eterna con el fin de lograr un bien que le glorifique y avergüence a Satanás.

- Los padres suelen convertir a sus hijos en una extensión de su apellido y su filosofía de vida; Dios extiende la visión de sus hijos más allá de ellos mismos.

- No tuvieron la visión ni el discernimiento para ver detalles de la personalidad de sus hijos; Dios tiene el cuadro completo.

- Podrían dejar de amarnos por sentirse avergonzados y decepcionados; Dios nunca y por ningún motivo deja de amar a sus hijos.

- Nuestros padres solo pueden acompañarnos un corto tiempo de nuestra vida porque mueren o porque nos alejamos; Dios no muere, ni muda ni cambia; es Padre eterno.

Acerca de la culpa

Por tu amor, oh Dios, ten compasión de mí; por tu gran ternura, borra mis culpas. (Salmos 51:1 DHH)

Ejemplos de la manera que opera el sentido de culpa y cómo salir de ella.

- Me siento culpable cuando pienso que pude haber resuelto situaciones personales de una manera mejor.

Me libero de ella cuando reconozco que detrás de mis limitaciones y fallas Dios es quien está en control y actúa soberanamente, no solo para mi bien sino también el del otro.

- Me siento culpable cuando pienso que pude haber hecho más para evitar una tragedia o accidente.

Es bastante usual que en un momento de crisis se reaccione sin tener suficientes elementos de juicio, sin tener el cuadro completo ni la ayuda adecuada. Dios tiene un buen plan para antes y después de lo ocurrido.

- Me siento culpable por haber provocado un mal.

Dios hará que todo obre para bien.

- Me siento culpable por tener una carga genética maligna, de enfermedades y situaciones de salud mental que trasmití a mis hijos.

No hay que decir por qué sino para qué, y el para qué siempre es una oportunidad de crecer, de dar lo mejor de sí, practicar obras nobles y avergonzar a Satanás.

- Me siento culpable por no haber estado en casa para mis hijos y mi familia en fechas especiales.

Alégrate en que Dios sí estuvo por ellos y siguen ahí para recibir tu amor y verte hacerlo mejor.

Ganándose al enemigo

No os venguéis vosotros mismos... (Romanos 12:19a RVR1960)

Así que, si tu enemigo tuviere hambre, dale de comer; si tuviere sed, dale de beber; pues haciendo esto, ascuas de fuego amontonarás sobre su cabeza. No seas vencido de lo malo, sino vence con el bien el mal. (Romanos 12:20, 21 RVR1960)

Un enemigo constituye una fuerza de oposición violenta —verbal o física— y pasiva. Los enemigos que usan la violencia física son fáciles de reconocer y acerca de ellos el salmista pide ser librado:

Señor, líbrame de los malvados; protégeme de los violentos... (Salmos 140:1 DHH)

Los pasivos, en cambio, centran su ataque en ideas. Los primeros cristianos fueron perseguidos físicamente hasta la muerte y atacados por sus creencias.

No se puede razonar con un enemigo. Son intolerantes, resentidos, vengativos, que no saben bregar de forma cordial las diferencias. En ocasiones es el temor lo que los convierte en enemigos porque se sienten amenazados o se sienten desanimados y frustrados.

El adicto percibe a sus allegados de confianza, como enemigos cuando el rechazo y la desconfianza dominan la relación, cuando han perdido la esperanza tras un tiempo razonable de espera. Esas relaciones distantes y frías pueden volver a calentarse devolviendo bien, amándolos, orando por ellos sin juzgarlos. Porque ellos, al igual que el adicto, están creciendo y necesitan establecer nuevos límites para que el entorno familiar, tan necesario en estos procesos, no se destruya. Ellos también están peleando contra fuerzas espirituales, por lo que necesitan ser alentados en su fe. Porque si un día fueron aliados y amigos, pueden volver a serlo.

Porque no estamos luchando contra poderes humanos, sino contra malignas fuerzas espirituales del cielo, las cuales tienen mando, autoridad y dominio sobre el mundo de tinieblas que nos rodea. (Efesios 6:12 DHH)

Curiosidad peligrosa

Todas las cosas son fatigosas más de lo que el hombre puede expresar; nunca se sacia el ojo de ver, ni el oído de oír. (Eclesiastés 1:8 RVR1960)

Hay que detener la curiosidad por aquellas cosas atractivas, pero que son tóxicas, que conducen a una adicción o que simplemente no edifican. Ser curioso es una característica positiva y es un rasgo de inteligencia, pero la curiosidad con falta de juicio y prudencia trae serios problemas. Lo que sucede es que el curioso suele entrar en áreas de peligro, ignorando los avisos de la propia conciencia.

Por ejemplo, alguien con falta de juicio recorre por curiosidad los lugares que recorría durante una adicción activa. Escucha cualquier voz y da por cierto cualquier respuesta. Se conecta con ojos perversos y da oídos a palabras engañosas que son un «campo abierto no identificado». Campos minados de ofertas de drogas más fuertes, alcohol, cigarrillo y hasta relaciones sexuales de riesgo; como ejemplos en la larga lista de lo que logra la falta de juicio y la curiosidad.

Quien no se sacia de hablar, ver u oír, es que busca una respuesta que aún no ha recibido. Persiste en satisfacer sus necesidades espirituales a través de sus cinco sentidos aturdidos por el brillo y la fantasía. En la ilusión de ser alguien y poseer algo que no es real, mientras sigue muriendo interiormente. Solo hasta que una experiencia fuerte toca a la puerta, la persona vuelve en sí y comienza a reflexionar sobre lo verdaderamente valioso e importante.

Oración:

¡Oh, Señor, que sienta curiosidad por escudriñar y reflexionar en tu Palabra para que pueda conocerte!

La grandeza de la cruz

En cuanto a mí, de nada quiero gloriarme sino de la cruz de nuestro Señor Jesucristo. Pues por medio de la cruz de Cristo, el mundo ha muerto para mí y yo he muerto para el mundo. (Gálatas 6:14 DHH)

¿Qué piensas acerca de la crucifixión del Señor?

Se puede pensar acerca de ello en términos históricos, de tradición, ser indiferente a ella o convertirla en un objetivo de vida. Los Evangelios y algunos trozos del Antiguo Testamento, describen los momentos previos y culminantes de esta magna historia. Son escritos inspirados y verificados para que los hijos de Dios se alienten en la fe y la esperanza de tener victoria como tuvo Jesús.

La cruz es una radiografía de todos los dolores emocionales y físicos de la humanidad. Es el lugar de encuentro íntimo entre el alma doliente con la fuerza que le permite vivir. Es en la cruz que la grandeza del amor y la gracia deshacen la lista de acusaciones y culpas que agobian a los hijos.

Hay quien se conforma con seguir el mensaje del Evangelio mediante un buen estilo de vida. Pero quien anda en busca de un amigo con quien identificarse, se siente enfermo, solo, pecador y abandonado; mira a la cruz y acompaña al Señor en su sepultura de lo cual es un testimonio el bautismo:

Pues por el bautismo fuimos sepultados con Cristo, y morimos para ser resucitados y vivir una vida nueva, así como Cristo fue resucitado por el glorioso poder del Padre. (Romanos 6:4 DHH)

La relación empática con el Señor Jesús surge cuando se puede relacionar sus palabras y sus heridas con la experiencia diaria de vida. No se puede ser empático recordando únicamente los clavos y las lanzas, pasando por alto el dolor de sus heridas. Mucha gente buena había sido crucificada antes, de los cuales no hay registro ni memoria porque quien era colgado en un madero se consideraba maldito. Pero el Señor no era pecador ni mucho menos maldito, y su sacrificio abrió las puertas del cielo de Dios.

En el momento de su sepultura, ocurrió como regularmente sucede en los funerales; los amigos cercanos acompañan y los que se acercan por otros motivos se alejan. Los amigos seguirán llorando y lamentando la pérdida, mientras que los que simplemente acompañaron, olvidarán. Los amigos siguen con un alto grado de identificación, como si una parte de quien se ha ido permaneciera en ellos.

La cruz es una experiencia individual y personal.

- El adicto se identifica con el Señor, quien eligió soportar el dolor sin ayuda de químicos cuando sintió sed.

    ...le dieron a beber vinagre mezclado con hiel; pero después de haberlo probado, no quiso beberlo. (Mateo 27:34 RVR1960)

- Se sobrelleva el dolor de ver a los amigos huir.

    Entonces todos los discípulos, dejándole, huyeron. (Marcos 14:50 RVR1960)

- Las madres que lloran a sus hijos son consoladas y encuentra a otro que vele por ellas y las cuide.

    Cuando vio Jesús a su madre, y al discípulo a quien él amaba, que estaba presente, dijo a su madre: Mujer, he ahí tu hijo. (Juan 19:26 RVR1960)

- Las palabras de menosprecio, de burla y odio son perdonadas.

    Y Jesús decía: Padre, perdónalos, porque no saben lo que hacen. (Lucas 23:34 RVR1960)

- Quien ha vivido en guerra con Él, se convence de que «verdaderamente este era hijo de Dios».

    El centurión, y los que estaban con él guardando a Jesús, visto el terremoto, y las cosas que habían sido hechas, temieron en gran manera, y dijeron: Verdaderamente éste era Hijo de Dios. (Mateo 27:54 RVR1960)

- Se abren las puertas al paraíso del pecador arrepentido.

Y dijo a Jesús: Acuérdate de mí cuando vengas en tu reino. Entonces Jesús le dijo: De cierto te digo que hoy estarás conmigo en el paraíso. (Lucas 23:42, 43 RVR1960)

- Se aprende la resiliencia. El Señor no claudicó en lo difícil de la prueba y permaneció fiel hasta que hubo cumplido su misión.

    Entonces Jesús, clamando a gran voz, dijo: Padre, en tus manos encomiendo mi espíritu. Y habiendo dicho esto, expiró. (Lucas 23:46 RVR1960)

- Se experimenta el poder del gozo que puede ver más allá de las circunstancias.

    ...puestos los ojos en Jesús, el autor y consumador de la fe, el cual por el gozo puesto delante de él sufrió la cruz, menospreciando el oprobio, y se sentó a la diestra del trono de Dios. (Hebreos 12:2 RVR1960)

- Se deja atrás la religión para volverse a Cristo.

    También Nicodemo, el que antes había visitado a Jesús de noche, vino trayendo un compuesto de mirra y de áloes, como cien libras. (Juan 19:39 RVR1960)

- Es el lugar donde Satanás y sus principados y potestades son derrotados una y otra vez.

    ...y despojando a los principados y a las potestades, los exhibió públicamente, triunfando sobre ellos en la cruz. (Colosenses 2:15 RVR1960)

- Para quien no lo conoce, la cruz es un fracaso, pero para la persona herida es poder de Dios.

    Porque la palabra de la cruz es locura a los que se pierden; pero a los que se salvan, esto es, a nosotros, es poder de Dios. (1 Corintios 1:18 RVR1960)

Al pie de la cruz:

- Surge una relación empática y de amor entre Cristo y sus hijos.

- Se aprende el sentido de compasión y de tolerancia en las peores circunstancias.

- Los planes y la visión de Dios sobre lo que es verdaderamente importante chocan con la sabiduría humana.

- La sangre obtiene un significado diferente y noble.

- La cruz es el lugar donde se decide en qué lado del mundo espiritual se desea estar.

- Se aprende la mejor manera de enfrentar al hombre violento.

- Se aprende a dejar a un lado lo emocional del servicio cristiano por las decisiones serias.

- La realidad de la guerra espiritual que se vive día a día adquiere sentido y pertinencia.

- Los intereses personales pierden poder.

- Cuando todo en este mundo pierda valor y falle, la cruz estará allí con los brazos siempre abiertos para perdonar, amar, y ayudar a retomar el camino extraviado.

Para reflexionar:

Mira tus manos. De acuerdo con la justicia de Dios eran tus manos y las mías las que merecían la sentencia de muerte, pero Jesús murió en lugar nuestro, pagó nuestra deuda con Dios y abrió un nuevo camino a la vida con Él.

No hay que quitarse, sino persistir

Mi justo por la fe vivirá; pero si se vuelve atrás, no estaré contento de él. (Hebreos 10:38 DHH)

Dios elige a sus hijos para su propósito y su gloria. Trabaja en ello, a veces sin que se den cuenta que está obrando. Repite sus lecciones cuando desaprueban las veces que sea necesario y al final no nos paga conforme a nuestras fallas e imperfecciones, sino con gracia y amor.

Por otro lado, está el juicio de los hombres: condenatorio, hipócrita y excluyente. De muy poco servirá que una persona trate de hacer defensa propia cuando ha sido acusado de una falta. El Señor Jesús, aunque fue santo, perfecto, compasivo y hacedor de bienes; fue blanco de las más hostiles acusaciones.

Generalmente, las personas con problemas de adicción sufren de baja estima. Son personas de gran sensibilidad, por lo que les es difícil tolerar el rechazo. Su problema se complica cuando incluyen a Dios en la lista de personas que le han dejado al margen.

No es fácil sentirse desechado, solo, sin hogar, objeto de burlas y herido físicamente. Bueno, eso fue exactamente lo que el Señor sufrió a pesar de haber sido un hombre santo y sin pecado; muy diferente a nosotros. Y no se quejó, ni maldijo, sino que encomendó a su Padre su causa. Y pudo hacer eso, porque buscaba la aprobación de Dios y su cuidado, a pesar de no contar con la favorable opinión de la mayoría de la gente.

Los personajes bíblicos que obedecieron y no se quitaron a pesar de sus fallas, son mencionados más por su obediencia y fidelidad que por las áreas oscuras que Dios cubrió con amor, ternura y gracia.

Para reflexionar:

No hay que quitarse, sino persistir haciendo en la medida de nuestra capacidad lo correcto, para gloria de Dios y no de los hombres.

Formas y maneras de crear un ídolo

Hijitos, guardaos de los ídolos. Amén. (1Juan 5:21 RVR1960)

1. Por medio de emociones predominantes —odio, venganza, temor, placer.
2. Rechazando el amor, el perdón y la gracia de Dios.
3. Siendo dependiente del poder y de la sabiduría humana aparte de la fe.
4. Fabricando dioses y amuletos.
5. Desarrollando un excesivo amor de sí mismo —narcisismo.
6. Manteniendo relaciones personales tóxicas y dependientes —pensando que nadie ni nada es más importante que esa persona.
7. Poniendo el placer antes que la fe.
8. Por el solo intelecto —si no se puede probar, no se puede creer.
9. Por el amor a las riquezas —no se puede servir a Dios y a las riquezas.
10. Cuando se sacrifica el consejo de la Palabra para beneficiar el punto de vista de un grupo, aunque sea religioso.
11. Al considerar a un líder político como un mesías/salvador.
12. Viendo el estatus social como un valor para obtener poder o influencia.
13. Manteniendo un bajo concepto de sí en rechazo a una nueva vida.
14. Interponiendo el criterio de la familia a la voluntad de Dios.
15. Equivocando los roles de esposa, esposo e hijos, en relación con el propósito por el cual Dios nos llama a servirle.

Para reflexionar:

El ídolo más difícil de identificar es uno mismo.

Viviendo de emociones

El hombre de doble ánimo es inconstante en todos sus caminos. (Santiago 1:8 RVR1960)

Quien vive según sus emociones reacciona y decide de acuerdo con ellas. En realidad nadie conoce el carácter de la persona emocional, inclusive la persona misma.

- Es impulsivo; no mide consecuencias.
- No planifica el futuro; vive de acuerdo a lo que el presente le dicte.
- Desecha a una persona o la convierte en ídolo en minutos.
- Habla cuando debe callar y viceversa.
- Aunque no es necesariamente perezosa, las condiciones del tiempo y su ánimo influyen en su disponibilidad.
- Es un niño en un cuerpo de adulto.
- Corrige a sus hijos según su estado de ánimo.
- Se siente más a gusto con la parte emocional del servicio cristiano.
- Se enfurece con facilidad.
- Es hipersensible a lo que considera sus derechos personales.
- Es propenso a ser depresivo.
- No conoce cuál es su espacio en los distintos roles de vida; como hijo, esposo(a), ciudadano, creyente, padre y otros.
- Suele ser egoísta.

Para reflexionar:

¿Cómo afecta vivir según las emociones el proceso de rehabilitación, la entrega y la decisión de servir a Dios?

Gozo

Porque el reino de Dios no es comida ni bebida, sino justicia, paz y gozo en el Espíritu Santo (Romanos 14:17 RVR1960)

¡No se desalienten ni entristezcan, porque el gozo del Señor es su fuerza! (Nehemías 8:10b NTV)

Gozo no es una palabra que oyes frecuentemente en la calle. No la oyes porque pertenece a los creyentes de Dios.

Gozo es la evidencia más sublime de la presencia de Dios en la vida.

Gozo es un sentido de bienestar emocional/espiritual profundo y poderoso que impulsa a seguir a pesar de lo duro del camino.

Gozo es la chispa que enciende la fuerza cuando te sientes desmayar. No depende de otros(as) ni de cosas, depende únicamente de la relación con Dios.

Ante la enfermedad terminal; gozo. Ante una recaída; gozo para ponerte de pie. Ante el rechazo, la soledad y sentirte distante; gozo de la presencia de Dios.

El gozo que proviene de la presencia del Espíritu Santo no puede ser quitado a menos que sea cedido o entregado.

Cuando todo ha fallado y todos se han marchado, el gozo mantiene de pie.

Gozo para la esperanza, para creer, para confiar y seguir adelante.

A mayor entendimiento de las promesas y el amor de Dios, el gozo será mayor.

La alegría que experimentas cuando todo sale bien puede disiparse, pero el gozo que produce saber que Dios está en control de tu presente y tu futuro, es para siempre.

Para reflexionar:

Estad siempre gozosos. (1 Tesalonicenses 5:16 RVR1960)

Conversemos sobre espiritualidad, rehabilitación y fe cristiana

Ramón Nieves

www.ingramcontent.com/pod-product-compliance
Lightning Source LLC
Chambersburg PA
CBHW080326170426
43193CB00030B/2761